高等职业教育新形态系列教材

逐梦交院 你我同行
——大学新生入学导航

主　编	张哲勋	郑　元	李彦鑫
副主编	张　静	卢正芳	卜婵娟
编　委	李铁波	庄文婷	孙　莹
	赵裕旺	雷　蕾	马嘉聪
	张　楠	隋吉喆	王　淇
	石春辉		

北京理工大学出版社
BEIJING INSTITUTE OF TECHNOLOGY PRESS

版权专有　侵权必究

图书在版编目（CIP）数据

逐梦交院　你我同行：大学新生入学导航／张哲勋，郑元，李彦鑫主编．—北京：北京理工大学出版社，2020.9（2022.8 重印）

ISBN 978-7-5682-9072-2

Ⅰ.①逐… Ⅱ.①张… ②郑… ③李… Ⅲ.①大学生-入学教育 Ⅳ.①G645.5

中国版本图书馆 CIP 数据核字（2020）第 178057 号

出版发行／北京理工大学出版社有限责任公司

社　　址／北京市海淀区中关村南大街 5 号

邮　　编／100081

电　　话／(010) 68914775（总编室）

　　　　　(010) 82562903（教材售后服务热线）

　　　　　(010) 68944723（其他图书服务热线）

网　　址／http://www.bitpress.com.cn

经　　销／全国各地新华书店

印　　刷／北京国马印刷厂

开　　本／787 毫米×1092 毫米　1/16

印　　张／11.75　　　　　　　　　　　　　　　　　责任编辑／徐艳君

字　　数／316 千字　　　　　　　　　　　　　　　　文案编辑／徐艳君

版　　次／2020 年 9 月第 1 版　2022 年 8 月第 3 次印刷　责任校对／周瑞红

定　　价／36.00 元　　　　　　　　　　　　　　　　责任印制／施胜娟

图书出现印装质量问题，请拨打售后服务热线，本社负责调换

前　言

大学评价一个人往往是多元的，它不仅仅对学习成绩提出要求，还对体育、文艺、社交、组织等多方面才能提出要求，因而评价的标准也不是一维的，而是多维和全方位的。大学是新的起点，进入大学，每一个学生都将经历一个重新评价自己与他人、重新确立对自己的认识的过程。大学为青年朋友提供了一个全新的坐标系统。要让自己在这个大熔炉里炼成一块成色十足的纯钢，就必须尽快适应大学生活，为自己提出新的目标。

在入学的最初几天，各高校一般都组织新生进行入学教育，但大多以了解学校基本情况、学习学校规章制度为主，这显然是不够的。高中毕业生进入大学后，若要较快地完成角色转换，必须接受系统的指导，逐步做到学会学习、学会做人、学会创新、学会与人相处。同时，大学新生离开父母，远离家乡，要具备一定的安全知识，了解基本的自救知识和安全常识，这也是入学教育乃至整个大学阶段的"必修课"。

本书结合大学新生的特点，系统地介绍了大学生入学教育的相关内容。全书分上、中、下篇，上篇为大学适应篇，中篇为政策法规篇，下篇为学生手册篇。上篇从了解大学的内涵与意义开始，其中包含认识大学、适应大学生活、大学学习、保持身心健康、安全警示、享受大学生活、做好职业生涯规划、提升个人素质等内容；中篇为大学生需要了解的政策法规；下篇为我校学生需要了解的学生管理规定以及奖励办法等。

本书由吉林交通职业技术学院从事入学教育的老师编写。由张哲勋、郑元、李彦鑫担任主编，张静、卢正芳、卜婵娟担任副主编，李铁波、庄文婷、孙莹、赵裕旺、雷蕾、马嘉聪、张楠、隋吉喆、王淇、石春辉参与了本书的编写。他们都是从事思想政治工作、心理健康教育、学生管理工作的教育工作者，长期工作在学生中间，对学生们的思想状况、心理状况、学习和生活以及就业中存在的问题都了然于胸，这些为本书的写作奠定了坚实的基础，他们的殷殷之情、拳拳之心更是体现在他们完成本书写作的过程中。同时，本书在编写过程中也得到了学院各级领导、同人的大力支持与帮助。本书还参考了大量的国内外著作、教材和文献，在此一并对作者表示感谢。

由于编者水平有限，加之时间仓促，书中难免存在一些不足和缺陷，敬请各位读者提出宝贵的意见和批评，以促进我们进步改进和提高，并祝读者能从本书中受益。

编　者
2020. 7

目 录

上篇：大学适应篇

第一章 认识大学——一个篆刻进你青春的地方 (3)
    第一节 大学的内涵和意义 (3)
    第二节 我的大学——历史足迹 (5)
    第三节 我的大学——校训、校风、教风、学风、校歌 (6)
    第四节 职业教育的发展春天 (8)

第二章 适应大学生活——尽快成为一名合格大学生 (10)
    第一节 新环境带来的新变化 (10)
    第二节 新环境带来的新问题 (12)
    第三节 转换角色，尽快适应新的大学环境 (12)

第三章 大学学习——成为一个会自主学习的人 (14)
    第一节 大学学习的新特点 (14)
    第二节 目前大学生学习存在的问题和误区 (17)
    第三节 学会学习 (20)

第四章 保持身心健康——成为一个永葆健康的人 (24)
    第一节 运动与健康 (24)
    第二节 心理健康与调适 (30)
    第三节 完善自我 (33)
    第四节 正确面对挫折 (36)
    第五节 用理智升华爱情 (38)
    第六节 大学生人际交往中的心理障碍 (44)

第五章 安全警示——做一个让他人不用担心的人 (48)
    第一节 人身安全 (49)
    第二节 防止性骚扰与性侵害 (50)

　　　　第三节　财产安全 ·· (52)
　　　　第四节　消防安全 ·· (56)
　　　　第五节　网络安全 ·· (61)

第六章　享受大学生活——做一个生活丰富多彩却不糊涂的人 ··············· (63)
　　　　第一节　树立正确的消费观 ·· (63)
　　　　第二节　正确对待贫困 ··· (65)
　　　　第三节　积极参加学生社团 ·· (65)
　　　　第四节　当好一名学生干部 ·· (67)
　　　　第五节　积极追求进步 ··· (70)

第七章　做好生涯规划——做个有志向的人 ·· (72)
　　　　第一节　知己知彼——职业与自我认知 ································· (72)
　　　　第二节　运筹帷幄——职业生涯规划 ···································· (76)
　　　　第三节　决胜千里——为就业做准备 ···································· (80)

第八章　提升个人素质——做个有就业竞争力更有魅力的人 ················· (84)
　　　　第一节　社会对大学生的素质要求 ······································· (84)
　　　　第二节　大学生如何培养素质 ·· (89)
　　　　第三节　礼仪素质——重中之重 ·· (94)

中篇：政策法规篇

一、高等学校学生学籍学历电子注册办法 ··· (101)
二、高等学校学生行为准则 ·· (104)
三、学生伤害事故处理办法 ·· (105)
四、普通高等学校学生安全教育及管理暂行规定 ···································· (110)
五、高校学生获得学籍及毕业证书政策告知 ··· (113)
六、吉林省普通高等学校学生档案管理办法（试行） ······························ (114)
七、国家教育考试违规处理办法 ·· (118)

下篇：学习手册篇

一、吉林交通职业技术学院学生管理规定 ··· (127)
二、吉林交通职业技术学院学分制施行办法（试行） ······························ (136)
三、吉林交通职业技术学院实践教学管理制度（试行） ··························· (143)
四、吉林交通职业技术学院学籍管理实施办法 ·· (149)
五、吉林交通职业技术学院学生军事技能训练管理规定 ·························· (153)
六、吉林交通职业技术学院学生公寓管理办法 ·· (156)
七、吉林交通职业技术学院学生校内申诉管理办法（试行） ···················· (162)
八、吉林交通职业技术学院家庭经济困难学生认定工作细则 ···················· (166)

九、吉林交通职业技术学院学生奖励办法 …………………………………………（169）
十、吉林交通职业技术学院学生德、智、体、美、劳综合考核办法 ………………（174）
十一、吉林交通职业技术学院学生勤工助学管理办法 ……………………………（177）
十二、吉林交通职业技术学院学生国家助学贷款实施细则 ………………………（177）
十三、吉林交通职业技术学院学生纪律处分实施细则 ……………………………（177）
十四、吉林交通职业技术学院学生资助管理办法 …………………………………（177）
十五、吉林交通职业技术学院奖学金管理办法 ……………………………………（177）
十六、吉林交通职业技术学院新时代大学生思想政治教育工作实施意见 ………（177）
十七、吉林交通职业技术学院大学生心理健康教育管理规定 ……………………（177）
十八、吉林交通职业技术学院"文明寝室"评比办法 ………………………………（177）
十九、吉林交通职业技术学院学生证管理办法 ……………………………………（177）

参考文献 ………………………………………………………………………………（178）

上篇

大学适应篇

第一章　认识大学——一个篆刻进你青春的地方

"大学"究竟是什么？宋代思想家、教育学家胡瑗说："致天下之治者在人才，成天下之才者在教化，教化之所本者在学校。"大学，充溢着智慧的灵性和文化的光芒。为探究真理和奉献人类，睿智的教师和求知的学生共同走到大学这一神圣的殿堂。大学作为一种群体性的教学机构，学生是真正的主体，优秀教师和优秀学生的一种最佳组合才是"大学的真谛"。"大学"的本质是一种"大家一起学"，一种知识的矩阵和母体。大学绝不是由若干大师决定的，更不能陷入"精英"膜拜的陈旧俗套。大学通过"知识矩阵"的构建、再造和成长，使人才在大学中将其聪明才智发挥得淋漓尽致，莘莘学子的潜能获得最大的激发，两者在互动和"双赢"中共同成长。作为大学的本性——平等精神，不但体现为"大"师和"小"学生之间人格和社会地位的平等，而且体现为知识面前人人平等，以及"弟子不必不如师""三人行必有我师"。

第一节　大学的内涵和意义

提起大学，人们首先想到的是干净的校园、年轻的学子和知识渊博的教授们。短期的军训结束后，大一新生就要在校园中开始他们最主要的工作——学习。通常，学生面对的第一个问题可能就是"我的教室在哪儿"。不同于以往的学习，大学生不再拥有固定的教室和座位，每天要奔波于不同的教学楼和教室，每天要为了寻找自习室而穿梭，没有了班主任的突击检查，没有了数不清的大考、小考，甚至开学一个月后居然不能准确叫出自己同班同学的名字……在忙碌与迷茫中有人会问："难道这就是大学？这就是大学生活吗？"

一、大学的含义

在中国古代，"大学"一词一般有两种含义：一是"博学"的意思；二是相对于小学而言的"大人之学"。中国很早就有"大学"一词，《大戴礼记·保傅篇》："古者八岁而出就外舍，学小艺焉，履小节焉。束发而就大学，学大艺焉，履大节焉。"束发即成人，十五岁就入大学，见大节且践大义。在现在，大学泛指实施高等教育的学校，指提供教学和研究条件、授权颁发学位的高等教育机关，包括综合性大学、学院、专科院校及高等职业院校等。

二、大学的意义

大学之为"大学",不仅指知识的深度和广度,更重要的是心灵自由的无限性。大学作为一种历史悠久的社会文化机构,其使命不仅仅是传授现成的知识,使人类文明成果世代相传,更重要的是创造知识,在人类文明的大厦上不断添砖加瓦,使人类文明不断进步。大学将知识的传承与创造作为中心使命,其意义在于:

1. 有大识

大学的初衷是传承文化、创造知识。但人们对大学有更深一层的精神向往——以人为本,培养人格完整、健康和心灵自由的人。大学既培养经国济世的惊世之才,缔造出入不苟的领袖、政治家,更造就群体性的具有独立思想的人。在大学里学习,要有大认识、大见识、大格局、大理想,以天下为家,胸怀世界,具备国际观、现代观、未来观,能担当承前启后的使命,能肩负教化大众的责任,才能培养出具有大识的气度来。

2. 有大德

大学从它诞生之日起就确定要以引领社会道德为己任。中国传统儒家经典《大学》中说"大学之道,在明明德",即弘扬光明正大的品德。进了大学,就要自我要求、自我肯定,培养自己的厚德品格,树立大形象,立下大志愿,才会从内心产生大能量,发挥自己生命的价值和意义。

3. 有大量

大学有一种浩瀚、海纳百川之美,各种思想在这里汇集,兼容并包,百家争鸣。在一代代大学人的开创、积累、沉淀和继承过程中为社会提供源源不断的知识财富和精神动力。大量的知识,铸就学生大量的胸怀。地球有多大,世界有多大,都能容纳在我心中;历史有多长、有多远,都能收摄在我心里。世界上所有的人,一切众生,都存在我们心中。只有心胸开阔,养成大量,将来才能做大人、成大事。这才是大学的意义之所在。

4. 有大道

哲人说"大道无痕",大学就是一种博大的沉思,大学有自己坚定的志向和正心修身的道行,在创造知识、培养人格的道路上默默前行。在大学里,学生不仅要开辟自己的大道并走入其中,而且也要成就别人,让别人行走在大道上。大道是真理,大道是光明。所谓大学,就是让莘莘学子走上大道。在这上自宇宙、下至海底、外放万物、内修其身的大学求知殿堂里,一旦春风拂来就会"于无声处听惊雷"。

第二节　我的大学——历史足迹

经过12年的寒窗苦读和几个月的等待,我们终于迎来了录取通知书。多少向往,不尽期盼,往昔拼搏的汗水已悄然消逝,胜利的欢呼犹在耳畔,我们挥手告别昨日荣誉,怀揣着五彩斑斓的梦,从全国各地齐聚在美丽的大学校园。

吉林交通职业技术学院始建于1958年,1998年经教育部批准成立职业技术学院,是全国第一批、吉林省第一所高等职业技术学院,国家百所骨干高职院校之一。2019年,学校进入国家"双高"建设行列,成为全国首批"引领改革、支撑发展、中国特色、世界水平"的高职院校专业群建设单位。

建校60多年来,学校聚焦立德树人的根本任务,紧紧抓住国家大力发展职业教育的良好机遇,坚持"学以致用,知行合一"的办学理念,立足交通、面向区域、服务吉林、振兴发展,不断深化教学改革,形成了"德技并修、企业互动、工学结合"的育人机制,打造了一支以吉林省长白山学者、长白山技能名师引领的高素质、双师型教师队伍,为国家培养了大批德才兼备的技术技能人才。学校作为吉林省交通类人才的重要培养基地,共培养出各层次应用型高技能人才6万余人,他们大多是交通行业的骨干力量,其中有15人次获得詹天佑土木工程大奖及国家级设计大师称号,被誉为吉林交通事业的"黄埔",为区域经济发展做出了重大贡献。学校两次被省政府授予"省职业教育先进单位"称号,2017年被评为省现代职业教育改革发展示范学校建设单位和黄炎培职业教育优秀学校奖。现为吉林省高等职业教育教学诊断与改进主任委员单位。

学校占地面积46万平方米,现有全日制在校生9300人,教职员工465人,专任教师268人。专任教师中高级职称比例53%,"双师型"教师比例79%,45岁以下具有研究生以上学历的教师比例已达到了95%。(吉林省优秀教师1人,吉林省拔尖人才2人,吉林省突出贡献专业技术人才2人)省级优秀教学团队8个,省级教学名师2人,交通运输职业教育教学名师1人,长白山学者1人,长白山技能名师18人。学校下设10个学院、2个部和2个校企合作分院共14个教学部门,开设33个专业,建有国家级试点专业2个,省级示范专业8个,省级品牌专业群5个,国家骨干院校重点建设专业5个,专业覆盖道路与桥梁工程、汽车运用工程、轨道工程、物流管理、机械制造等领域,构建了与产业链对接的"道路—车辆—物流—信息"一体化专业链。

我们坚持"厚德匠心、强技精术",紧紧围绕立德树人的根本任务,深化教育教学综合改革。系统强化思想政治教育,学校被列为吉林省首批"三全育人"综合改革试点高校。近三年学生参加全国、省级大赛共获得各级奖励236项,参加各类文体比赛获金牌146项。学校被评为"全省大学生就业先进单位"。2019届毕业生就业率高达96.2%,用人单位对学校毕业生满意率为98.8%。

学校加强教学科研工作，获国家、省级优秀教学成果奖 12 项，其中国家二等奖 1 项，省特等奖 1 项、一等奖 3 项。"寒冷环境交通技术工程研究中心"被省发改委批准为省级工程中心。学校深化国际交流合作，先后与英国、韩国、德国的大学和科研单位建立了友好往来与合作关系。

站在新的起点，学校将认真落实《国家职业教育改革实施方案》，全面实施"双高"建设，深入推进高质量发展，不忘初心，砥砺前行，为实现"特色鲜明、国内一流、国际有影响"的高职院校而努力！

第三节 我的大学——校训、校风、教风、学风、校歌

一、校训

崇实尚善 弘毅求精

二、校风

团结勤奋 务实创新

三、教风

厚德博学 严谨敬业

四、学风

爱国励志 笃学躬行

五、校歌

第四节 职业教育的发展春天

职业教育近年来屡被提及，特别是在 2019 年，国家先后出台一系列政策加速完善现代职教体系。其中，国务院印发的"硬核"文件《国家职业教育深化改革实施方案》第一句话就明确，职业教育与普通教育是两种不同教育类型，具有同等重要地位，明确了职业教育在我国教育体系中的重要地位。现在，伴随着相应的配套文件落地，我国打出了办好职业教育的政策"组合拳"，职业教育正步入快车道，迎来黄金发展期。改革开放以来，职业教育为我国经济社会发展提供了有力的人才和智力支撑，现代职业教育体系框架全面建成，服务经济社会发展能力和社会吸引力不断增强，具备了基本实现现代化的诸多有利条件和良好的工作基础。随着我国进入新的发展阶段，产业升级和经济结构调整不断加快，各行各业对技术技能人才的需求越来越紧迫，职业教育的重要地位和作用越来越凸显。但是，与发达国家相比，与建设现代化经济体系、建设教育强国的要求相比，我国职业教育还存在着体系建设不够完善、职业技能实训基地建设有待加强、制度标准不够健全、企业参与办学的动力不足、有利于技术技能人才成长的配套政策尚待完善、办学和人才培养质量水平参差不齐等问题，到了必须下大力气抓好的时候。没有职业教育现代化就没有教育现代化。

坚持以习近平新时代中国特色社会主义思想为指导，把职业教育摆在教育改革创新和经济社会发展中更加突出的位置。牢固树立新发展理念，服务建设现代化经济体系和实现更高质量更充分就业需要，对接科技发展趋势和市场需求，完善职业教育和培训体系，优化学校、专业布局，深化办学体制改革和育人机制改革，以促进就业和适应产业发展需求为导向，鼓励和支持社会各界特别是企业积极支持职业教育，着力培养高素质劳动者和技术技能人才。经过 5 至 10 年时间，职业教育基本完成由政府举办为主向政府统筹管理、社会多元办学的格局转变，由追求规模扩张向提高质量转变，由参照普通教育办学模式向企业社会参与、专业特色鲜明的类型教育转变，大幅提升新时代职业教育现代化水平，为促进经济社会发展和提高国家竞争力提供优质人才资源支撑。

到 2022 年，职业院校教学条件基本达标，一大批普通本科高等学校向应用型转变，建设 50 所高水平高等职业学校和 150 个骨干专业（群）。建成覆盖大部分行业领域、具有国际先进水平的中国职业教育标准体系。企业参与职业教育的积极性有较大提升，培育数以万计的产教融合型企业，打造一批优秀职业教育培训评价组织，推动建设 300 个具有辐射引领作用的高水平专业化产教融合实训基地。职业院校实践性教学课时原则上占总课时一半以上，顶岗实习时间一般为 6 个月。"双师型"教师（同时具备理论教学和实践教学能力的教师）占专业课教师总数超过一半，分专业建设一批国家级职业教育教师教学创新团队。从 2019 年开始，在职业院校、应用型本科高校启动"学历证书+若干职业技能等级证书"制度试点工作。

第二章　适应大学生活——尽快成为一名合格大学生

大学，对于莘莘学子来说是一个熠熠生辉的字眼，一个令人魂牵梦萦的地方。跨进大学校门，我们往往沉浸在激动和兴奋之中，此时很多同学对于未来的大学生活充满神秘感，对自己的前途和未来满怀美好的憧憬。大学生活虽然只是人生中短暂的几年，但因其自然生命上汇集了人们青春最炽热的年华而影响深远。从中学迈入大学是人生一个重要的驿站，每一名大学新生在思想素质、生活方式、学习方法、人际交往等方面都将面临一个全新的变化。也许有人在经历了考上大学的喜悦后，没能在大学里继续这份快乐，陷入人生的迷茫。大学生活，包含了青春的骄傲与沮丧，也充满了青春的美好与苦恼。大学新生能否尽快适应这个环境，顺利实现从中学到大学的角色转换，对他们今后在大学里能否健康快乐地学习和生活具有重要的意义。

第一节　新环境带来的新变化

大学新生从中学步入大学，从熟悉的环境跨入陌生的天地，在许多方面发生了变化，概括起来主要有以下几方面。

（一）学校管理的变化

大学管理制度与中学相比，其变化主要体现在教学管理、公共管理与学生管理方面。从教学管理看，中学实行学年制，学生必须读满规定的学年，修完所有的课程，考试合格才能毕业；许多大学已实行学分制，学分是衡量学生是否完成教学要求的标准，学生不受学习时间限制，根据自己的实际情况，可提前修满学分提前毕业，也可以延长学习时间。从学生公共管理上看，中学时代老师对学生直接管理，事事由老师安排；大学更多强调学生的自我管理、自我教育、自我服务、自我约束。从学生管理上看，中学的管理都是通过班主任实施；而大学的管理属于全面管理、网络管理，学校的各职能部门都直接参与学生管理，如思想教育、学籍管理、宿舍管理、学生组织和社团管理等。

（二）学习方式的变化

中学学习的主要方式是课堂学习；而在大学里，老师讲课一般只讲重点，点到为止，有很多东西是教材上没有或老师没有讲的，学生必须在课下去看很多的参考书。学习的方式逐渐从课堂学习为主转为自学为主，即使是课堂学习，也需要通过自学方式去"填补"与"发现"许多知识间的"网眼"与联系。中学以灌输为主，老师日日不离、天天辅导；在大学里，老师的辅导和督促减少了，学生自主时间增多，必须自觉地、独立地学习，必须有针对性地学习，同时也要对学习的内容进行判断和取舍。

（三）生活方式的变化

这里所说的大学生生活方式，是指大学生在学习之外的业余生活的方式，包括娱乐生活、个人活动、消费方式、交往方式等。

（1）大学生活方式基本上以集体生活为特征，而集体生活必须具有一定的公共活动的秩序与要求。大多数同学在中学时期基本是本地学生寄宿或者走读，如今与来自天南地北的几十名同学朝夕相处，生活习惯、个人爱好、地方风俗等存在很大差异，这就很可能带来交流上的不便，甚至可能会产生一些矛盾。有的同学还可能因为缺乏集体生活经验，在大学生活面前手足无措而导致产生不合群现象。

（2）业余生活中个体的单调性与群体的生动性兼具，使不少学生感到难以适应。大学生的课余生活，就整体而言，是丰富多彩的；但对大多数个体而言，课余生活又是空闲单调的，既没有中学生憧憬中的那种浪漫情调，也缺少激发青春冲动的内在趣味，与不少同学想象中的大学生活可能有很大差异，这种差异自然会令许多同学感到失落。

（3）个人生活的完全自理使不少学生感到不适应。进入大学，开始真正意义的独立生活后，个人必须会料理自己的一切，大到人生奋斗目标的确立，小到计划购物、洗衣服等，一切都得靠自己。

（四）人际交往方式的变化

一般来说，人际交往常常建立在三种不同的基础上：①人际交往产生于单纯的情感好恶的基础上；②人际交往产生于态度、价值观一致的基础上；③人际交往产生于奋斗目标一致和行动协调和谐的基础上。第三种人际交往的层次最高，它是理性的表现，通常所说的"战斗友谊"就反映了这种情况。中学阶段的人际交往，大多比较单纯并以情感好恶为主，进入大学后，打破了原来的小圈子，人际关系要比中学复杂得多。同学来自五湖四海，气质不同，认识各异，不管自己主观愿望如何，都会遇到一些人与人之间的交往问题。大学阶段人际交往的层次不断提高，在情感基础上进行人际交往的前提下，还要注意发展同学之间在态度、价值观与奋斗目标一致基础上的人际交往；同时，要拓展人际交往的范围，既要进行物质性交往，也要进行文化性交往与精神性交往，可以包括思想交流、价值观碰撞、人生奋斗道路思路探讨、国家经济发展形势、政治事件的关注与分析等。

（五）理想目标的变化

中学阶段，由于高考的压力和就业的未确定性，大多数中学生缺乏长远目标，只能有一个简单明确的目标——考上大学。走进大学后,大学生需要重新思考自己的理想目标,特别是针对目前大学毕业生就业难的现象,更需要大学生从一进校就要明确自己的努力方向,向着更高的理想境界奋进。

第二节　新环境带来的新问题

从中学进入大学而带来的新变化,对于大部分同学来说,通过及时地角色转换,很快就能适应。然而有一部分同学在大学新的生活环境里,却感到空虚、茫然、无聊,进入"动力真空带""理想间歇期",出现了以下困境。

(1) 目标失落。在中学时代,同学们都以"考大学"作为自己的理想目标。大学期间,要以什么作为自己的新目标呢?不同的学生可以有完全不同的学习目的。但是,很多同学由于对此没有进行过认真思考,还没有确立起自己大学奋斗的目标,因此,一段时间内感到困惑和失落。

(2) 学习不适应。许多新生对大学的学习方式和老师的教学方式很不适应,加上自学能力不强,不能合理地安排学习时间,这就容易出现学习上的困难。

(3) 生活不适应。进入了大学,离开了父母,生活上的一些琐碎的事情都要自己来操心;特别是来自城镇的同学,从小学到高中,都是在父母的精心呵护下成长起来的,进入大学后失去了父母的关照,更是感到手足无措。

(4) 交往不适应。进入大学之后,人际交往的范围、交往的对象、交往的方式都发生了很大变化,一些性格比较内向的新生很难融入新的人际环境中,产生了交往障碍。

第三节　转换角色,尽快适应新的大学环境

一位哲人曾经说过,生活的成功与否,要看适应能力与其内外机遇调剂融合的难度是否相对应。简单地说,就是适者生存。积极主动地适应能使自己的大学生活更有方向、更有效率、更有作为;消极被动地适应往往会影响到整个大学阶段的学习和生活,乃至以后的工作。因此,对于大学新生来说,要从以下几方面着手尽快地适应大学新的生活。

(一) 尽快熟悉校园环境

熟悉校园环境,首先要熟悉与自己学习和生活密切相关的部门,包括学校和学院办公楼、学生工作办公室、教学管理办公室、餐厅、洗浴中心、宿舍、教室、实验室、商店等,不仅要熟悉地点,也要了解它们的运作模式。同时,作为一个大学生,也有必要了解学校的教学、管理和服务部门,以便在以后的学习和生活中直接与其打交道,为自己的成长成才服

务。在大学里与学生关系比较密切的部门包括学生工作部（处）（包括学籍科、思政科、资助管理中心、大学生心理健康教育中心）、教务处、团委（社会实践、创新创业、社团、志愿服务）、招生就业处、保卫处、图书馆、后勤处等。对于这些部门，不仅要知道它们的办公地点，更要了解它们的职能。在校园网主页上点击"管理机构"，就可以查到相关部门的基本情况、职能职责、服务内容、工作流程等。这样，在办理各种事情、解决各种问题的时候就会比别人更顺利、更节省时间。

要了解自己学校的发展概况，包括了解学校的历史、文化、师资队伍情况、教学科研情况、图书资料情况以及学校在社会上的地位或知名度，了解自己所学专业的体系结构、课程安排以及发展前景、就业状况等。

另外，还要熟悉学校所在的城市，知道校园在整个城市中的位置及其周边环境，了解学校所在城市交通路线，对主要的道路、公共交通线路有一个大致的掌握。

（二）尽快熟悉新群体

人总是处于一定的社会关系之中，大学生同样离不开与人交往。和谐的人际关系既是大学生学习和生活不可或缺的重要内容，也是大学生获得心理健康的重要途径。如何适应并独立处理与身边人的关系，是每位大学新生应思考的问题。能否正确有效地处理、协调好学习和生活中人与人的关系，不仅影响到一个人对环境的适应状况，而且影响着他的学习效率、心理健康以及个人的成长与发展。为此，大学新生要积极大胆地参与校园或班级活动，加强与新朋友的交流与沟通，建立良好的人际关系。这就要求大学新生既要拥有自尊、自信的自我认识，又要有正确的认知方式，还要学会必要的人际沟通的技巧、方法和基本原则，在与他人交往中诚实守信、以诚待人、尊重和理解他人。

（三）尽快做好心理调适

在新的学习生活环境中，一方面，要客观地认识自我。大学里聚集的是全国各地的"天之骄子"，面对众多的"山外之山"，要谨记"风物长宜放眼量"的道理，找出自身的优势与缺陷，准确定位；要有正确的理想和抱负，既不能好高骛远，也不能妄自菲薄；在面临挫折的时候，能真诚地接纳自我，及时调整心态，沉着冷静，厘清思路。另一方面，要适时地表现自我。虽有俗话说"酒香不怕巷子深"，但在高校这片藏龙卧虎之地，不能只等着别人来发现你，应当抓住机会表现自我。要积极投入集体活动中去，在交往中开阔自己的生活空间，培养开发自己的兴趣爱好，创造丰富多彩的业余生活；要努力地进行自我调整，在集体生活中尊重别人，尊重人与人之间的性格差异，尽快地融入集体生活中。个别在短时间内无法较好进行自我心理调节的同学，可以求助学校的心理指导中心和学院的心理辅导员，请求他们给予正确的指导帮助，使自己的心态趋于平稳，以最佳的精神状态投入全新的生活中去。

第三章　大学学习——成为一个会自主学习的人

从中学到大学，这是人生的重大转折。大学生活的重要特点表现在：生活上要自理，管理上要自治，思想上要自我教育，学习上要高度自觉。尤其是学习的内容、方法和要求，与中学相比发生了很大的变化。要想真正学到知识和本领，除了继续发扬勤奋刻苦的学习精神，还要适应大学的教学规律，掌握大学的学习特点，选择适合自己的学习方法。

大学的学习既要求掌握比较深厚的理论基础，又要求重视各种能力的培养。大学教育具有明显的职业定向性，要求大学生除了扎扎实实掌握书本知识，还要培养研究和解决问题的能力。因此，要特别注意自学能力的培养，学会独立地支配学习时间，自觉地、主动地、生动活泼地学习，还要注意思维能力、创造能力、组织管理能力、表达能力的培养，为将来适应社会工作打下良好的基础。

对刚步入大学、独立处于学校大环境中的你，在了解了自己学校的规章制度和教学安排，熟悉了学校的各项资源后，开始对自己的学习负责时，你就真正进入了大学的世界，也将深入地融入这种新的文化。

第一节　大学学习的新特点

大学阶段的学习与中学阶段的学习相比，在学习内容、学习方法等方面发生了较大变化，由于个人所处学习阶段不同，对待学习的心理也发生了很大变化。对于刚进入大学的新生而言，如何适应这些变化，尽快了解和掌握大学学习的基本规律，是摆在每一名大学新生面前的首要问题。

一、大学学习难度加大，教学方式、学习方法与中学明显不同

1. 大学学习内容广、课程多、难度大

中学阶段，一般只学习 10 门左右的课程，而且主要讲授一般性的基础知识。而大学里所开设的课程分公共课、学科基础课、专业基础课、专业课四个层次，每一个层次又由许多门课程综合而成。一般来说，高职院校三年需要学习的课程在 30 门左右，每一个学期学习的课程基本不相同，内容量大，因而学习任务远比中学重得多。大学一年级主要学习公共课

程和学科基础课程，大学二年级主要学习专业基础课和部分专业课，大学三年级重点学习专业课和进行毕业设计、做毕业论文。职业教育的教学计划还安排了大量的实训课、实习、社会调查、课程设计等教学环节。

2. 大学的教学方式发生了很大变化

中学教学的主要方式是课堂讲授，教学过程中的每一天、每一节课，老师都安排得非常具体，有大量而紧凑的课堂教学以及频繁的课堂提问和繁重的作业。而在大学里，课堂讲授相对减少，自学时间大量增加。

大学老师讲课的特点：一是介绍思路多，详细讲解少。主要讲授重点、难点内容，而且许多老师都使用投影机、多媒体授课，实现了授课手段多样化，因而授课进度就比较快，一节课可能要讲授一章或几十页的内容。二是抽象理论多，直观内容少。三是课堂讨论多，课外答疑少。四是参考书目多，课外习题少。此外，大学学习的教学环境也发生了变化。小学时期，我们有固定的教室、固定的座位，而且是小班授课；但是在大学里，每个班没有固定的属于自己独享的教室，有时1、2节课可能在这一栋楼的某个教室学习，但3、4节课又会到另一栋楼去听课，与自己一起上课的可能还会有不同专业的同学。

3. 大学的学习方法发生了很大变化

中学时期，老师教学生是"手拉手"领着教，老师安排得详细周到，不少同学养成了依赖老师，只会记忆和背诵的习惯。而大学老师则是"老师在前，学生在后"引着走，提倡学生自主学习，课外时间要自己安排，逐渐地从"要我学"向"我要学"转变，不采用题海战术和死记硬背的方法，提倡生动活泼地学习，提倡勤于思考。大学为学生学习提供了非常好的环境，有藏书丰富的图书馆，有设备先进的实验室，有丰富多彩的课外实践活动，等等。

二、大学学习与中学学习截然不同的特点是学生依赖性的减少，代之以主动自觉地学习

上中学时，老师会一次又一次重复每一节课里的关键内容；但进了大学以后，老师只会充当引路人的角色，课堂教学往往是提纲挈领式的，老师在课堂上只讲难点、疑点、重点或者老师最有心得的一部分，其余部分就要由学生自己去攻读、理解、掌握。大部分时间是留给学生自学的，在老师授课之后的理解、消化、巩固等各个环节主要靠学生独立地去完成。这就需要有较强的学习自主性，而不能像中学生那样由老师布置、检查和督促。

大学的学习不能像中学那样完全依赖老师的计划和安排，学生不能只单纯地接受课堂上的教学内容，必须充分发挥主观能动性，发挥自己在学习中的潜力。这种充分体现自主性的学习方式，将贯穿于大学学习的全过程，并反映在大学生活的各个方面。另外，大学生对学

习的内容有较大的选择性。中学强调升学，学习围绕高考的指挥棒转，学生学习活动主要是由老师和校方安排，学生没有多少选择余地。到了大学，虽然仍有专业的限制，但学生选择的余地很大，老师对大学生的学习内容也不加限制，很多老师还鼓励学生广泛涉猎各类知识。除必修课外，学校还开设了许多选修课，大学生可以根据自己的需要和兴趣有选择地听课、学习。因此，培养和提高自学能力，是大学生必须具备的本领，如学习的自主安排、学习内容和学习方法的自主选择，等等。

自学能力的培养，是适应大学学习自主性特点的一个重要方面，每个大学生都要养成自学的习惯。正如钱伟长所说：一个人在大学四年里，能不能养成自学的习惯，学会自学的能力，不但在很大程度上决定了他能否学好大学的课程，把知识真正学通、学活，而且影响到大学毕业以后，能否不断地吸收新的知识，进行创造性的工作，为国家做出更大的贡献。当今社会处于知识经济时代，知识更新越来越快，大学毕业后依然需要不断地学习，不会自学或没能养成自学的本领，不会更新知识是不行的。微软公司曾做过一个统计：在每一名微软员工所掌握的知识内容里，只有大约10%是员工在过去的学习和工作中积累得到的，其他知识都是在加入微软后重新学习的。这一数据充分表明，一个缺乏自学能力的人是难以在现代企业中立足的。因此，培养和提高自学能力，是大学生必须完成的一项重要任务，也是进行终身学习的基本条件。

自学能力必须在大学期间开始培养。许多同学总是抱怨老师教得不好、懂得不多、学校的课程安排也不合理，希望这些同学能够树立"与其诅咒黑暗，不如点亮蜡烛"的意识。大学生不应该只会跟在老师的身后亦步亦趋，而应当主动走在老师的前面。例如，大学老师在一个课时里通常要涵盖课本中几十页的内容，仅仅通过课堂听讲是无法把所有知识学通、学透的，最好的学习方法是在老师讲课之前就把课本中的相关问题琢磨清楚（即常说的预习），然后在课堂上对照老师的讲解弥补自己在理解和认识上的不足之处。

看看哈佛大学的学生是如何学习的。央视《世界著名大学》制片人谢娟曾带摄制组到哈佛大学采访。她告诉人们：到哈佛大学时，是半夜2点，可让我们惊讶的是，整个校园当时是灯火通明的，那是一个不夜城。餐厅里、图书馆里、教室里还有很多学生在看书。那种强烈的学习气氛一下子就感染了我们。在哈佛，学生的学习是不分白天和黑夜的。那时，我才知道，在美国，在哈佛这样的名校，学生的压力是很大的。在哈佛，到处可以看到睡觉的人，甚至在食堂的长椅上也有人在呼呼大睡，而旁边来来往往就餐的人并不觉得稀奇，因为他们知道这些倒头就睡的人实在是太累了。在哈佛，我们见到最多的就是学生一边啃着面包一边忘我地在看书。在哈佛采访，感受最深的是，哈佛学生学得太苦了，但是他们明显也是乐在其中。

在哈佛学习的一个北大女孩说，哈佛的本科生，每学期至少要选修4门主要课程，一年是8门课，4年之内修满32门课并通过考试才可以毕业。一般而言，学校都要求本科生在入校后的头两年内完成核心课程的学习，第三年开始进入主修专业课程的学习。只有最聪明的天才学生才可以在两三年内读完这32门课，一般的学生光应付4门课就已经忙得头晕脑胀了，因为在课堂上教授们讲得飞快，不管你听得懂听不懂，课下又留下一大堆阅读材料，读不完你根本就完成不了作业。那个北大女孩说："我在这里一个星期的阅读量是我在北大一年的阅读量；而且，在哈佛的作业量要求很大，我们课后要花很多时间看书，预习案例。每堂课都需要提前做大量的准备，课前准备充分了，上课时才能在课堂上和别人交流，贡献你的个人思想，才能和大家一起学习，否则，你是无法融入课堂的教学中的。当每个学生都投入了时间认真准备了，才可以快速推进课堂讨论的进程，而之前如果不读那么多的书，你就无法参加到课堂讨论之中。"哈佛学生的学习压力也来自学校的淘汰机制。哈佛平均每年有大约20%的学生会因为考试不及格或者修不满学分而休学或退学，而被淘汰的20%的学生的考评并不是学期末才完成，每堂课都要记录发言成绩，平均占到总成绩的50%，这就要求学生均匀用力、不能放松。

第二节　目前大学生学习存在的问题和误区

一、不会学习的原因

在当代大学生中，为什么有的大学生不会学习呢？这是受多方面因素影响的。在这里我们只从大学生自身因素来考虑，主要还是在一些非智力因素上，如认识水平、学习动机、意志状态等方面。

（一）学习目的不够明确

缺少明确的学习目标，是大学生中普遍存在的现象。一般而言，大学生在目标定位问题上存在着这样几种情况：一是没有明确目标。虽然平时好像很忙碌，但由于缺少具体的学习目标，其实已陷入了"有事则忙，无事则闲"的状态，真正所学并不多。二是目标不确定。在学习中表现为人云亦云，别人干什么就跟着干什么，有盲目跟风的倾向。三是目标大而空，完全脱离了自身条件，也没有相应的实施方案和具体的实施步骤，同样不能起到真正的推动作用。可见，不恰当的目标非但起不到导向和动力的作用，反而会成为前进道路中的绊脚石，起阻碍作用。四是目标指向错误。一些学生抱着"60分万岁"的学习态度，看不到学业的长效性、远景性，缺乏时代感、使命感，不懂得付出和奉献，只希望得到和索取，不懂得"不积跬步，无以至千里"的基本道理，只想急功近利。

（二）对学习方法重视不够

目前，不少大学生在学习方法上任其自然，看不到科学学习方法的作用和意义，没有尝到正确方法所带来的甜头，因而不愿意花时间和精力去认真研究和掌握先进的学习方法，真正学会学习。第一，从具体的学习方法上看，大学生中能够做到课前预习、课后复习的人并不多，很多大学生还没有养成写读书笔记的习惯。由于平时上课不做笔记，下课不能完成学习任务，因此出现了考试前突击学习的现象。第二，从可利用的资源来看，很多大学生还不能充分利用图书馆、网络等资源。尽管各高校都有储备丰富的图书馆，但大学生对图书馆的利用率却很低。随着网络技术的飞速发展，人们可以更便捷地获得优秀的文化遗产、最新的科技成果等，但是真正利用网络来学习的大学生却不是很多。第三，死记硬背不理解。死记硬背是指不假思索地重复记忆。它不要求理解，不讲究记忆方法和技巧，是最低形式的学习。它常常使内容相互混淆，而且不能长久记忆。依赖这种办法的学生，临场发挥肯定不行，看到试题就傻了眼，哪里还能考出好成绩？只能求助"作弊就灵"的招数了。第四，抓不住重点难点。学习方法不当的学生，往往精力难集中，不善于寻找重点和难点，也找不到解决重点和难点的突破口。"眉毛胡子一把抓"，全面出击，结果浪费和分散了时间和精力。第五，理论和实际相脱离。理论知识与实际操作相结合是非常重要而有效的学习方法，真可谓"学而必习，习又必行。"而方法不当的学生往往只满足于学习书本知识，不善于在实践中学习，在实践中运用，不会用所学知识解决实际问题。第六，学习安排无计划。学习计划是实现学习目标的保证，但有些大学生对自己的学习毫无计划，平时无所事事，做事缺乏主动性，"滑"到哪里算哪里，因此，看什么、做什么、学什么都心中无数，他们总是考虑"老师要我做什么"，而不是"我要做什么"。

（三）对学习特点了解不够

学习方法具有适应性，其中一个方面就是要适应各阶段、各学科的学习特点。这就需要当代大学生对目前的学习有明确的认识，了解各种学习的特点，在此基础上才能形成科学的方法。有的学生到了大学成绩总是不理想，这其中一个很大的原因在于对学习特点了解不够。

（四）对自身状况认识不够

对自身状况认识不够，主要包括两个方面：一是对自己的学习状况没有客观清醒的认识，在运用学习方法时发生失误。如自以为是的学生在制订学习目标时往往好高骛远，不切实际。二是对自己的个性特征认识不清，在学习方法上就很容易盲目模仿别人，强己所难，身心俱疲。科学的学习方法必须是适合自己个性特征的方法。如从生理上说，每个人的生物钟是不同的，应该找到自己最佳的学习时间，然后把晦涩难懂的学习内容和创造性的脑力劳动尽可能安排在这段时间内完成。属于"百灵鸟型"的同学，可多利用白天时间；属于"猫头鹰型"的同学，可多利用晚上时间。

（五）功利的学习心态

首先，大学生对学习内容的选择呈功利化倾向。目前，大学生重实用知识趋势越来越严重,这可以从大学生读书情况反映出来。不少大学生除了网络和各种参考书,很少涉猎其他文、史、哲类图书。另外,也可以从大学生上课或选修课的情况表现出来。同热衷于学习外语、计算机和专业知识的热潮相比,大学生对人文社会科学、文学艺术等方面知识的学习却表现出明显的不重视甚至是忽视。在一些大学校园里,还出现了一群"逃课族",他们对那些以后在工作中没有明显作用的课程不愿去上。

其次,部分学生学习动机带有明显的功利性。由于受到市场经济的冲击,许多大学生在学习动机上更多地表现为对物质利益的追求。很多大学生学习的动机和目的就是找一个报酬高、待遇好的工作。这些表明,部分学生的学习动机中带有明显的现实性、利益性,对个人利益的追求已成为不少大学生推动自己学习的外部动机。

最后,以有用、无用作为衡量是否学习的标准。由于受社会环境多种因素的影响,不少大学生把对自己将来的工作是否有用作为学习的主要的甚至唯一的标准,往往觉得有用就肯学、想学、苦学、乐学,觉得没有用的就不肯学、不想学、少学、厌学,甚至逃学。许多大学生都认同这样的观点,即学习就是为了将来到社会上管够管用,学了无用等于不学,学了不好用,还不如不学。

(六) 不科学利用时间与不善于科学用脑

时间对每个人都是公平的。有的学生能在有限的时间内,把自己的学习、生活安排得从从容容;而有的学生虽然忙忙碌碌,经常加班加点,但忙不到点子上;有的学生不善于挤时间,他们经常抱怨"每天上课、做作业、吃饭、睡觉,哪还有多余的时间供自己安排?";还有的学生平时松松垮垮,临到考试手忙脚乱。这些现象都是不会科学利用时间的表现。另外,当代大学生学习时既不注意劳逸结合,晚上像个"夜神仙",第二天上午不到10点起不了床,造成上课经常迟到,又不善于转移大脑兴奋中心,使大脑终日趋于兴奋或昏昏欲睡,因而影响学习效率。

(七) 缺少必要的心理品质

在影响大学生学习的因素中,心理因素,如兴趣、恒心、毅力、自控力等,都起到非常重要的作用,间接影响学习的效率与效果。

二、不会学习的结果

(一) 在学习方式上,从师型过多,自主型过少

学生进课堂听老师讲课,本是天经地义的事,但是很多学生对老师、对课堂依赖性过强,完全跟着老师的指挥棒转,自我发挥不够,主动钻研不够,独立学习能力不强。

（二）在思维方式上，求同性过多，求异性过少

老师要求学生按自己的思路一步步走下去，学生认为能读懂教材的内容，听懂老师的讲授，自己的理解与书本上写的、老师讲的相同，就是学会了，就完成了学习任务。习惯于"是这样"，而不习惯于提出"为什么是这样，为什么不能那样"。

（三）在学习状态上，盲从型过多，问题型过少

老师们普通反映，在辅导答题时间，来提问题的学生极少，只是到了考试前，才纷纷来打听考试要求的范围，寻问一些应试所急需解决的问题。其实在学习过程中，对学习内容的理解处于似是而非状态的人会很多，就是对于那些所谓学习好的学生，深层次的问题也会很多。无论是哪种程度的学生，围绕着学过的内容去思考问题、提出问题、研究问题和解决问题，是学习向前推进的最重要的方式和步骤。然而从教学实践来看，学生不乐于提问题或提不出问题，这本身就是学习中的一个大问题。

（四）在学习层次上，继承性过多，创新性过少

大学生的学习，首先是继承前人积累的科学和文化遗产，为以后的学习和创新打好基础，所以继承性学习是必要的。然而，大学的学习与中学相比，要更加强调创新；今天的学习与过去的学习相比，也要更加强调创新。这种创新不一定是知识上的创新，不一定要创造一个新概念或新定理，而首先是创新性学习。在掌握知识的过程中，就可以体现出创新性。"知识"二字，可以一分为二："知"表示对信息的接收、获取和储存，而"识"则意味着识别、判断、分析，是对信息的消化和处理；"知"是接受别人的东西，"识"是自我加工和运作。同样的信息被不同的人接收，会有不同的作用和效果，原因就在于"识"的程度不同。"知"具有继承性，"识"则带有创新性。如果说中学生的学习重在获知，则大学生的学习应重在求识。

第三节　学会学习

知识时代的到来，影响和改变着人们的思维方式和生活方式，终身学习已经成为人类生存的基本条件。综合素质的高低直接影响和决定人类生存和生活的质量。新时期大学生必须有适应岗位的专业能力、适应社会的发展能力（继续学习动力）、工作的创新能力、思维创新能力、社会应变的竞争能力和团队精神的合作能力等。历史发展到今天，知识激增、信息激增、社会激变、竞争激烈，所有这一切决定了现代大学生在校期间必须"学会学习"，即应该学什么、为什么学的问题。这已成为现代世界教育的一个宗旨，也理应成为今天大学生必须确定的新的学习理念。

美国著名未来学家约奈比斯特断言:"在不断变动的世界上,没有一门或一套课程可以供可见的未来使用或可供终生受用,现在需要的最重要的技能是学会如何学习。"

一、学会学习的内涵

对于学会学习的内涵,中外学者有不同的解释。如联合国教科文组织前助理总干事纳伊曼认为:"学会学习意味着受过教育的人将会知道从哪儿能很快地和准确地找到他所不知道的东西。"而我国学者陈俊田认为:"学会学习的本质是学会不断提出问题进而学会不断解决问题。"教育的核心即学习",联合国教科文组织教育规划研究所负责人库姆斯提出的这一论断标志着教育发展史上教学重心的根本转变——从传统的以教师"教"为主过渡到现代的以学生"学"为主。但是,处于信息化时代的今天,科学技术日新月异,落后的填鸭式的、反复记诵式的学习仍占据优势地位,这远远不能适应现代社会的飞速发展。为了跟上时代步伐,教育必须引导学生"学会学习"。那么,怎样才算学会学习呢?一言以蔽之,在学习方式上,由知识性的记诵学习转变为智慧式的、创新性的学习,在教育目标上,由单纯的学习知识转变为启迪智慧,让教育真正成为学生享受幸福生活的过程。

"学会学习"强调学生自主学习,但并非排除当面临复杂困难的任务时,向那些更有知识和能力的人寻求帮助,帮助者可以是他的同伴、教师,也可以是他的家庭成员。会学习的学生比不会学习的学生更多地寻求他人的帮助,但是他们仅在必要的时候寻求帮助,也不像后者那样过度地依赖他人的帮助。在解决问题的过程中,会学习的学生更多地渴望得到提示,最终经过自己的努力得出问题的答案,而不希望从帮助者那里直接得到完整的答案。除了社会支持,物质支持对"学会学习"也有一定的影响。老师要教学生主动地寻求课本以外的信息,包括参考书、图书馆藏书以及其他信息资源。老师要教会学生选择一种安静、舒适的学习环境,排除来自外界的干扰。

学会学习意味着受过高等教育的大学生并不是什么都知道,也不可能所有知识都掌握,而是知道从什么地方能够快捷、准确地找到自己所不知道的知识,迅速捕捉到自己所需要的信息。

学会学习意味着有明确的学习目标,学习不只是为了考试,为了分数,为了获得一纸文凭,学会学习意味着对知识具有分析、批判、质疑等独立自主的学习能力。

学会学习,要对知识具备相当程度的理解能力、消化能力、综合能力和应用能力,绝非死记硬背。

学会学习意味着掌握了分析问题、认识问题、解决问题的根本方法,这方法对大学生的一生将产生积极而深远的全方位的影响。

学会学习必须坚持"自主性学习"的原则,这不仅仅是指在大学阶段整个学习过程中的自学,更重要的是指在整个学习期间的自我选择、自我识别、自我培养、自我评价和自我控制,使大学毕业生应该是知识广博、基础扎实、有获取新知识和对发展完全适应的能力,同时具有科学精神、献身精神,以及对国家发展具有责任感的新型人才。

二、学会学习与终身学习、学校学习、知识学习

学会学习对未来世界的重要性是显而易见的。当今世界的科学技术迅猛发展、日新月异，人类的科学知识正以前所未有的速度剧增。知识更新的速度之快，使人们深深地感到"学海无涯"。学校的围墙已被打破，终身学习成了人们的必然选择。怎样学会有效地去学习——"学会学习"又成了人们内在的要求。

"学校学习"与"学会学习"的关系。我国著名教育家陶行知先生说："我认为好的先生不是教书，不是教学，乃是教学生学。"所以学校应该给学生比知识更重要的东西——"学会学习"。人类心理学家赫伯特·格乔依指出："明日的文盲不是不能阅读的人，而且没有学会怎样学习的人。"德莱顿和沃斯在《学习的革命》中提出："全世界在争论这样一个问题，学校应该教什么？在我们看来，最重要的应当是两个科目：学习怎样学习和怎样思考。"只有学会了学习，才能在激烈的竞争中脱颖而出，才能掌握自己的命运，才能掌握未来。因而在知识爆炸的时代，要使学生以有限的生命获取无穷的知识，就要让学生"学会学习"，尤其对我国目前普通教育教学改革，让学生"学会学习"更具有指导意义。

"学会学习"在当前要转变一种观念，即由"拥有文凭"向"拥有能力"转变。文凭和学历是靠勤奋学习得来的，表明了一个人受教育的程度，但这并不意味着有文凭就有水平、有学历就有能力。随着时代发展和社会进步，新事物、新情况层出不穷，新知识、新技术不断出现，要求人们必须开阔视野，更新观念，学习新知识，掌握新本领，以适应时代发展的要求。一个拥有较高文凭和学历的人，如果停滞不前，也会落伍，难以跟上潮流、胜任工作、获得进步；反过来，一些没有较高文凭和学历的人通过勤奋学习，同样可以获得丰富的知识和很强的能力，成为人才。学会学习，学会生存，核心就是要在全社会树立终身学习的观念，让学习成为21世纪的生活方式，养成处处学习、时时学习的习惯，并且首先要学习"学习的方法"。

追求知识理所当然，无可厚非。但是，当我们把知识的获得作为教育之全部，为知识而知识，进而希望以教育为手段把学生塑造成"知识人"，这便酿成了知识对智慧、知识对生活的虚妄僭越。在"知识人"理念的支配下，学生被看作是用知识一片一片搭构起来的，唯一充塞于心灵的就是知识，人性中的其他部分，如伦理道德、审美情操等则被虚无化，这不可避免地异化了教育的实践追求，遮蔽了教育崇高的人文精神。正如鲁洁先生指出的，"知识人"的世界是一个价值缺失、意义旁落的世界，而这正是应试教育产生种种危机、备受批判的根源。在课堂上老师讲的是知识，作业练的是知识，考试考的是知识，评价学生的主要标准还是知识……正是在对知识一味地追逐过程中，关乎人生智慧的知识被放逐了，淹没在知识的汪洋大海之中。结果，分数在没日没夜的机械记诵中攀升了，而学生健康的体魄、和谐的人格、幸福的生活却丢弃了。教育由此成为考试的附庸，学生则物化为知识、分数的奴仆，丧失了他们童年本该有的童心、童趣、童稚，成为仅有知识的"偏执单面人"，而非知、情、意全面发展的"和谐人"。

于是，培根的名言"知识就是力量"应转化为"怎样使知识有力量""哪些知识真正有

力量"的追问。简答之，只有那些切实关乎个人幸福，能转识成智、臻达人生智慧的知识才真正有力量，才更值得学生学习。

三、学会学习的终极目标

终身教育作为21世纪的"社会行为"和"生活方式"，显然，提出了两个方面的要求：一是对社会，要求构建一个完善的终身学习的社会体系——学习型社会；二是对个体，要求每一个社会成员都必须解决"学什么"和"怎么学"的问题。

事实上，学习型社会比一般的社会，除了在时间、空间、对象、目标上的突破，更重要的一点则是强调学习的主体性。1996年联合国教科文组织国际21世纪教育委员会报告《学习：内在的财富》中指出了21世纪教育的"四大支柱"，即学会求知、学会做事、学会共处、学会做人。

（一）学会求知

学会求知的"知"，是指认识，包括认识人类自身及主观世界，也包括认识社会的外部世界。"求知"已远远超过了教科书和老师课堂讲授的内容，其实质是掌握终身不断学习的工具，其关键是"学会如何学习"。罗马俱乐部在《回答未来的挑战》的研究报告中指出，学习有两种类型：一种是维持性学习，另一种是创造性学习，后者的作用在于通过学习，提高一个人发现、吸收新信息和提出新问题的能力，以迎战和处理未来社会中日新月异的变化。我们的教育最终就是要教会学生从"学会"走向"会学"。

（二）学会做事

学会做事是指在具备科学素养的基础上，学会以首创的精神能动地参与广泛而生动的社会生活，培养适应未来职业变动的应变能力、在工作中的创新能力以及在市场环境中创造就业机会的能力。学会做事是人们未来赖以生存和发展的前提，人们不仅要提高自觉做事的能力，还要培养做事的品质，即敬业精神和责任感、持久和忍耐力、适应约束和挑战困难的能力、适应社会变化和竞争的能力。我们的教育就是要培养学生从"学做"走向"会做"。

（三）学会共处

学会共处是在全球化将成为21世纪重要特征，在人与人、民族与民族、国家与国家之间互相依存程度愈来愈高的时代提出的重要命题。学会共处是指了解自身，发现他人。尊重他人，学会关心，学会合作，学会平等对话，学会交流，其关键是要学会在各种"参与"的"磨合"之中找到新的认同，确立新的共识。

（四）学会做人

学会做人和我们的教育方针吻合，倡导的是人的全面发展，要成为完整之人，其关键在于明确自己的定位，这是时代赋予的生存方式，也是个人事业成功的决定性因素。

第四章　保持身心健康——成为一个永葆健康的人

"健康是1，事业、财富、婚姻、名利等都是后面的0。由1和0可以组成10、100等N种不同大小的值，成就人类与社会的和谐旋律。"著名免疫学专家、全国政协委员冯理达在"首届健康健美长寿促进大会"上如此表述。

如今社会生产高速发展，科技创新，并且生活节奏越来越快，很多人忙于事业却忽略了身体健康。大学生面临考试、人际交往、恋爱、择业、就业及升学等多重压力，增强身心素质、保持身体健康，关系到学习和生活的质量、更关系着自身的幸福感和人生价值能够最终实现。

第一节　运动与健康

经历了高考，刚步入大学校园的学生们又开始踏上新的征程，面临不少的心理困惑，如学习方法的调整、对自我的探索及大学生涯规划等。然而，如果没有身心健康的保障，一切都是纸上谈兵，是空洞而无望的。生理及心理的健康就像一个人的两条腿，是大学生实现自己理想抱负必不可少的重要条件之一。大学生只有具备健康的身心才能度过美好、充实而有意义的大学生活，迎接未来的挑战。

一、大一新生生理特征

目前，我国在校大学新生的年龄一般处在17~19岁，从生理的角度看，他们已逐渐趋于成熟，具有青年期特征，主要表现在体态、各生理系统机能及性器官的发育成熟等方面。下面主要从体形特点、呼吸和循环系统机能、神经系统机能等三个方面介绍生理特征。

（一）体形特点

大学生经历了青春期成长发育的高峰期，身高、体重、胸围、肩宽、骨盆等生理特征逐渐显示出显著的成人化特点。男女生在体态上会表现出明显差异。男生喉结突出，声音低沉，长出胡须，肩部增宽，肌肉发达。而女生嗓音尖细，乳房突出，肩部圆润，臀部增宽，肢体丰满，皮下脂肪增厚，为日后扮演母亲的角色做好充分的生理准备。这些第二性征的出现，表明大学生在生理上已逐渐成熟，能够担负繁重的脑力和体力劳动。

（二）呼吸、循环系统机能特点

一般来讲，大学生的循环系统在形态结构和功能上均已达到成人水平，绝大多数大学生的循环系统是完全能够承受各种激烈的体育锻炼活动的。另外，大学生的呼吸系统也已达到成人水平。在这一年龄阶段，呼吸系统各部分的结构和机能迅速生长发育，呼吸频率逐渐减慢，呼吸深度相应增加，呼吸频率为每分钟16次左右。男女生平均肺活量分别可达 4124 ± 552 毫升和 2871 ± 390 毫升。从生理学角度看，大学生的呼吸、循环系统在形态、结构和能力方面均达到成人水平，能够承受较重的负荷。

（三）神经系统特点

神经系统是人发育、成熟最早和最快的系统。在6~7岁时，脑的重量已达到成人的90%，之后一直到20岁左右，脑的重量只增加10%，约1500克。大学阶段虽然大脑重量增加不明显，但正处于大脑皮层细胞之间建立突触联系的关键时期。经过系统、科学的训练，特别是专业知识技能的学习，大脑皮层细胞之间突触联系会变得更加复杂，大脑皮层沟回加深，为不断接纳新事物和思维发展创造了良好的物质条件。所以大学时期是每个人发展智力、记忆力、抽象思维能力及分析综合能力的黄金时期。

从整体上看，大一新生的各生理系统基本成熟。在外部体态方面，男生肌肉发达，线条清楚，显示出男性的阳刚之美。女生盆骨变宽，形体丰满，皮下脂肪增多，显示出女性曲线美。由于大学生运动、呼吸、循环和神经系统等协调发展，其运动机能基本达到成人水平，耐力和运动的灵活性及平衡性均已达到成人水平，为参加系统的体育运动做好了准备。

二、运动与生理健康

什么是健康？有关健康这一命题，早在1949年世界卫生组织（WHO）就已经指出：健康不只是没有身体上的疾病和虚弱状态，而是躯体、心理和社会适应都应处于完满状态。1987年，WHO又进一步强调，健康涉及精神、身体和社会三个方面，其中精神健康包括三方面要求：有自我控制能力；能正确对待外界影响；处于内心相对平衡的满足状态。1989年，WHO进一步深化了健康概念，提出健康应包括躯体健康、心理健康、社会适应良好的道德健康。简单来说，健康就是指人与自然、人与社会、人与自身和谐相处。

与健康观念相对应，学校对大学生的培养目标是德、智、体、美、劳各方面全面发展。因此，如何正确认识和理解健康，并有效利用校园环境资源不断提高自身健康水平，是每位大学生都必须认真思考的一个问题。

人在20岁左右，锻炼是一种对身体健康的储备，到30岁左右达到储备高峰，锻炼得越好，储备的峰值就越高。一旦过了这个年龄，储备的峰值就难以达到本来可以达到的高度，所以要趁年轻多锻炼。

——摘自中国工程院院士钟南山在广州举办的第二届中国中学校长大会上的讲话。（钟南山自青少年时代起就一直非常注重运动。1959年9月，他在首届全运会上，以54.4秒的成绩打破了400米栏的全国纪录。）

在竞争日益激烈的今天，有些大学生在思想观念及日常生活习惯中，根本没有意识到体育锻炼及健康对于一个人的重要性。大学生中普遍存在着睡懒觉、熬夜通宵上网等陋习，他们往往没有生机，缺少年轻人的朝气和活力。因此，积极参加体育锻炼，培养一种体育运动兴趣，会让大学生终身受益。

（一）运动对运动系统的发展有很好的促进作用

运动系统是包括个体骨骼、肌肉、关节、韧带及其所支配神经在内的身体组织。运动生理学研究表明，经常参加体育锻炼将有助于人体骨骼、肌肉的生长与发育，可使关节的稳定性和灵活性增强，使身体的柔韧性得到提高。

（二）运动能够提高心血管系统的机能

在运动过程中，心脏冠状血管开放数量增多，心肌的血液供应增强，增加了心肌本身的糖原等能量的储备。经系统、科学的体育锻炼，心肌细胞肌纤维增粗，心室心房壁增厚，心脏的形态发生良性改变。此外，经常参加运动还会增强血管壁的弹性，改变毛细血管在组织器官中的分布状态，使冠状动脉口径增粗、心肌毛细血管的数目增加。因此，在心血管病不断年轻化的今天，毫无疑问，运动是一种积极、有效的预防手段，是一种对健康的储备。

（三）运动有利于预防呼吸系统疾病

经常参加体育运动可保持肺组织弹性，使胸廓活动增强，肺活量增加。如成年男性的肺活量一般为3500毫升左右，女性为2500毫升左右，而经系统的体育锻炼，成年男性肺活量可达4000~7000毫升，女性可达3500毫升左右。另外，运动也使呼吸系统的通气功能和换气功能得以增强，同等活动强度下的呼吸频率下降。因此，经常参加体育锻炼不仅能够提高呼吸系统的机能，还能使身体积极适应空气温度等的变化，使呼吸系统的防病能力得到有效改善。

（四）运动有利于神经系统机能的增强

大学阶段大脑皮层神经细胞数目已达到成人水平，神经系统生长发育的主要特征是神经元之间建立广泛而复杂的突触联系，使得大脑皮层的结构和机能发生着巨大变化。另外，虽然大脑只占成人体重的2%，但心脏血流总量的20%用来供应大脑的需氧量。经常参加运动可以使全身血液循环加速，大脑供血增加，供氧充足，使得头脑清醒，思维敏捷，学习效率提高，日常生活充满朝气。

三、运动与心理健康

现代心理学研究证明，目前人类许多生理性疾病的产生、发展与心理因素有着密不可分的关系。如今将近80%的疾病都可归结为"身心"疾病的范畴。日益沉重的生存压力令人们产生焦虑、抑郁、悲伤、恐惧、愤怒、沮丧等消极情绪，而这些消极情绪又通过人体神经、内分泌机制深刻影响着人类的生理健康。尤其在当今社会，心脑血管病、高血压病、消化性溃疡、恶性肿瘤等生理性疾病都与心理因素有密切关系。

对于大学生活，有人曾形象地形容为"轻松而又充满压力的状态"。这似乎充满了矛盾，然而却是不容争辩的事实。相对于高中，大学生活显得更加自由、轻松、开放和自主。而面对大学毕业后激烈的竞争压力，很多高年级同学会陷入深深的焦虑中无法自拔。而大一学生在从高中生到大学生的角色转变期间养成良好的运动习惯，是应对不久之后的学习、择业、就业、恋爱、经济等各种压力的明智之举。

体育运动是一种积极主动的活动过程，既可以有效塑造人的健康行为方式，也可以在一定程度上消除和减轻消极情绪对个体的不良影响。

（一）运动有助于消除或减轻不良情绪

大学生在日常生活、学习及人际交往中难免会遇到各类挫折，产生焦虑、压抑、愤怒等情绪。对此，如果能全身心投入诸如打球、跑步、体操、散打等体育运动中，不仅能转移注意力，还能为消极情绪提供一个非常适当的宣泄口。因为运动能够提高个体的情绪唤醒水平，当运动达到一定的负荷时就会导致唤醒水平的提高。唤醒水平是运动攻击性行为的准备机制，但唤醒水平本身并不能直接引发攻击性行为，也不必然导致攻击性行为，它只是一个诱因，当个人唤醒水平与内心的攻击意图结合时，便会引发直接的攻击行为。因此，适当的体育活动在提高个体唤醒水平的基础上，能有效地宣泄不良情绪，避免了学生在一时冲动下的不当行为。

（二）运动有助于增强团队合作精神与竞争意识

竞技体育中，对决双方在对等的条件下进行体能和心理的较量。这种竞争追求卓越成绩，力求证明自己或自己的团队比对手更强、更出色，个人的荣辱关系到整个团队的荣辱。在一个集体中，每个成员的一切行为都从最根本的集体利益及全局出发。在运动中注重的不仅仅是与对手的竞争，更重要的是与队友的合作。因此，运动可以有效地培养大学生的合作与竞争意识。另外，运动本身伴随着艰苦与疲劳，在运动过程中需要不断克服一个个节点，这能让人深刻体会意志努力对目标达成的重要性。因此，运动也有助于培养大学生果断、坚韧、顽强的意志品质和独立自主的精神。竞争与合作和顽强的意志是现代社会对人才的基本要求。通过运动，大学生可以有效地培养优秀的心理品质，并能够将其迁移到学习、生活和工作中，为未来顺利步入工作岗位做好素质准备。

（三）运动能使大学生正确认识自我，促进和谐人际关系的建立

体育运动增加了人与人接触和交往的机会，也增强了人与人之间信息的交流和情感的沟通。很多体育运动项目是集体参与的，参加运动的过程本身就是一个与他人紧密协作和配合的过程，都存在着人际交往的机会，能锻炼人际交往能力。运动也使群体成员产生情感上的互动。因此，大学生在人际交往过程中或生活中的小矛盾、小问题都可以在运动中得到很好的缓解，并能从中获得成长、成功的力量。另外，在运动中，其他同学的反馈就像一面镜子，让人更加清晰地认识自身的优缺点，从而不断完善自己、增强自信，提高自尊，使自己的社会价值被认可。

（四）运动能有效预防常见心理问题

体育运动被公认为是一种有效的心理治疗方法。美国的一项调查显示，1750名心理医生中有80%的人认为体育锻炼是治疗抑郁症的有效手段之一，60%的人认为应将体育锻炼作为一种治疗方式来消除焦虑症。

在从高中生到大学生的角色转变过程中，有些大学生不能很好地适应新的生活、学习和人际交往模式，因此可能会经常体验焦虑、压抑、挫败、沮丧等消极情绪。另外，大学生的家庭成长背景又各不相同，再加上大学期间来自学习、人际交往、经济等各方面的压力，有些大学生甚至会面临焦虑症、抑郁症及强迫症等较严重的心理问题。通过体育运动可以有效缓解、消除和预防这些心理障碍，保证大学生身心健康地度过大学生活。

总之，经常性的体育锻炼是增强身心素质最有效、最便捷的途径。任何体育运动不仅是人体运动系统在活动，心血管、呼吸、消化、内分泌、神经系统以至全身各组织、器官都会发生适应性的积极的机能变化。通过体育运动可以宣泄不良情绪、减轻心理压力，防止心理障碍和心理疾病的发生，从而能够增强人的社会适应能力。

四、培养良好的生活行为习惯

大学生身体的各个系统、器官逐步发育成熟，机能完善，为担负更繁重的脑力和体力劳动做好了物质准备。而良好的生活、行为习惯能够促进健康，增强体质，是充分利用已有的自身资源，保障顺利完成学习任务及全面提高身心素质的必要条件。

与生理机能的逐步完善相对应，大学生在心理发展方面也是特征鲜明，自我意识、情感与性意识发生着剧烈的变化。刚上大学的大学新生将要面对独立性与依赖性之间的矛盾、理想与现实的冲突、心理闭锁与寻求理解的矛盾。与高年级阶段相比，大学新生将更多地面临责任、恋爱、学习等问题。因此，如何有效利用所拥有的宝贵时间是每位大学生必须认真考虑的问题。

（一）自律的生活习惯

与中学生活相比，大学生活显得更加轻松、自由、开放、独立，大学生有更多的自由时间可以灵活地支配。然而，相对于这种轻松与自由，如果没有很好的自律、自控意识，不能很好地安排自己的作息时间，则很容易养成生活懒散、邋遢、熬夜、逃课、考前突击甚至考试作弊等不良习惯。这不仅不利于大学生健康成长，久而久之还会逐渐发展成为违反校纪校规的不良行为。无规矩不成方圆，校纪校规不是为了束缚大学生的自由，最终的目的是促使大学生在大学三年中学有所成、有所收获、不留遗憾。因此，大学生一定要养成规律的生活习惯，提高个人生活自律意识和遵守校纪校规的意识。

（二）劳逸结合，不透支睡眠

大学生在日常学习、生活中，可以通过变换学习和活动的方式劳逸结合，缓解压力。如学习比较累的时候可以听音乐、看电影、聊天等，也可以进行诸如打球、跑步等运动。这是一种积极的休息方式。我们把睡眠称为最彻底的休息，研究表明，充分而适度的睡眠能消除疲劳，增强机体对各种刺激的耐受程度和对抗疾病的能力，从而使个体能有足够的精力去迎接各类压力与挑战。相反，过度睡眠和睡眠不足则对身体无益。对于成年人来说，6~8 小时是标准睡眠时间。如果睡眠过多，不仅无法消除疲劳，还会影响健康和智力，引发呼吸道、心脏和消化系统等疾病。如果睡眠不足，人会感到疲惫、烦躁、记忆力衰退、消极颓废，长期熬夜甚至会导致生理和心理早衰，寿命缩短。

（三）饮食习惯科学合理

日常生活中摄取的营养与人类健康有着密不可分的关系。合理营养是维护身心健康的物质条件和前提。而合理营养的关键是平衡膳食，主要指每日摄取膳食中所含营养成分，如脂肪、蛋白质、维生素、矿物质的比例适当，量要充足，并且与机体的需要保持平衡。大学生由于成长发展的需要，应更加注重食物的营养价值，每天的食物中应包括谷类、动物性蛋白质和豆制品等植物蛋白质，应多食用蔬菜、水果。适度饮用碳酸饮料，因为过多饮用可乐等碳酸饮料可导致体内钙、磷比例失调，增加了在运动中骨折的可能性，并埋下老年骨质疏松的隐患。

（四）科学锻炼身体

大学阶段正值大学生身心发展的关键时期。运动生理学研究表明，系统、科学的体育运动和形式多样的活动方式，有助于机体各系统机能的提高和进一步的完善，可以达到促进生长发育、增强体质、提高适应能力、防治疾病的目的。如运动能调节大脑皮层兴奋和抑制过程，对大学生在日常学习、生活中因各种原因引起的轻度失眠有积极的调节作用。另外，运动也可以改善神经系统对心血管、呼吸、运动等系统器官的调节功能，更好地保证大学生在校期间的学习、生活。因此，在大学阶段，大学生要学会储备自己的健康。

（五）不吸烟

吸烟是目前危害人类健康的罪魁祸首，全球每年死于与吸烟相关疾病的人数达 300 万，已超过艾滋病、结核、难产、车祸、自杀、凶杀所导致死亡人数的总和。实验证明，一支香烟所含的尼古丁可毒死一只小白鼠，20 支香烟中的尼古丁可毒死一头牛，人的致死量是 50～70 毫克，相当于 20～25 支香烟中尼古丁的含量。如果将一支雪茄或三支香烟的尼古丁注入人的静脉内，3～5 分钟即可致死。烟焦油中的致癌和促癌物为多环芳烃和酚类化物，这些物质沉积于肺内，经多年积累，就有可能使肺发生癌变。年龄 45 岁、烟龄 20 年的人比不吸烟者患肺癌的概率高出 10 倍以上。我国是世界烟草消费第一大国，现在的吸烟人数超过 3 亿，占据全球烟民的 1/4。在吸烟过程中所产生的以烟焦油和尼古丁为代表的 30 余类致癌物质，可使吸烟者患唇、舌、口腔、喉、食道、肺和膀胱等部位多种癌症和促性阻塞性肺病、冠心病、消化性溃疡等一系列与吸烟相关的疾病的可能性增高。同时，被动吸烟造成的危害不亚于主动吸烟者。因为被动吸烟过程中进入人体的烟焦油和尼古丁等有害物质含量不亚于主动吸烟者。因此，大学生应该充分认识到吸烟的危害，应从自身做起，不吸烟或戒烟，并且还要积极劝导周围同学，营造健康的学习环境。

（六）少饮酒

俗话说："酒喝好了是福，喝过了就是祸。"在中国人的饮食文化中，"酒"似乎扮演着非常重要的角色，在日常生活中喝酒也是一种十分常见的饮食行为。然而，在大学生群体中，在校园里，这种饮食习惯引起的更多是饮酒滋事现象。有些大学生在饮酒后，酒精使其失去理智，自控力减弱，在日常学习、生活及人际交往中遇到的挫折及失恋等诸多不良情绪会借酒宣泄，可能会做出非常不理智的行为，违反校规校纪，给本人及周围校园环境带来很多不良影响。

第二节　心理健康与调适

大学生处在社会变迁加速、生活节奏加快、竞争日趋激烈、价值取向多元化的社会环境中，拥有健康的心理，是发展自身、贡献社会的一个最基本的条件。大学生掌握基本心理健康知识，培养自身心理保健能力，树立心理健康意识，对降低不良心理问题对学习、生活和工作的影响，实现身心全面发展尤为重要。

一、大学生心理健康的标准

大学生的普遍年龄一般在 18～25 岁，正处于青年中期，大学生的心理具有青年中期的许多特点，但大学生又不能完全等同于社会上的青年。根据我国大学生的实际情况，评判大学生的心理健康水平应从以下几个标准给予着重考虑：

1. 智商正常

智力，是人的观察力、注意力、记忆力、想象力、思维力、创造力及实践活动能力等的综合，包括在经验中学习或理解的能力，获得和保持知识的能力、迅速而成功地对新情境做出反应的能力、运用推理有效地解决问题的能力等。这是大学生学习、生活与工作的基本心理条件，也是适应周围环境变化所必需的心理保证。因此，衡量大学生的智力是否正常，关键在于其是否正常地、有效地发挥了自我效能，即有强烈的求知欲，乐于学习，能够积极参与学习活动。

2. 情绪健康

情绪健康的标志是情绪稳定和心情愉快，它包括：愉快情绪多于负性情绪、乐观开朗、富有朝气，对生活充满希望；情绪较稳定，善于控制与调节自己的情绪，既能克制又能合理宣泄自己的情绪；情绪的表达既符合社会的要求又符合自身的需要，在不同的时间和场合有恰如其分的情绪表达；情绪反应与环境相适应，反应的强度与引起这种情绪的情境相符合。

3. 意志健全

意志是人在完成一项有目的的活动时进行的选择、决定与执行的心理过程。意志健全者在行动的自觉性、果断性、顽强性和自制力等方面都表现出较高的水平。意志健全的大学生在各种活动中都有自觉的目的性，能适时地做出决定并运用切实有准备的方式解决所遇到的问题，在困难和挫折面前，能采取合理的反应方式，能在行动中控制情绪和言而有信，而不是行动盲目、畏惧困难和顽固执拗。

4. 人格完整

人格是个体比较稳定的心理特征的总和。人格完善就是指有健全统一的人格，个人的所想、所说、所做都是协调一致的。人格完善包括人格结构的各要素完整统一，具有正确的自我意识，不产生自我同一性混乱，以积极进取的人生观作为人格的核心，并以此为中心把自己的需要、目标和行动统一起来。

5. 自我评价正确

正确的自我评价是大学生心理健康的重要条件。大学生在进行自我观察、自我认定、自我判断和自我评价时，能做到自知，恰如其分地认识自己，摆正自己的位置，既不以自己在某些方面高于别人而自傲，也不以自己在某些方面低于别人而自卑，面对挫折与困境，能够自我悦纳，喜欢自己，接受自己、自尊、自强、自制、自爱适度，正视现实，积极进取。

6. 人际关系和谐

良好而深厚的人际关系，是事业成功与生活幸福的前提。其表现为：乐于与人交往，既有广泛而深厚的人际关系，又有知心朋友；在交往中保持独立而完整的人格，有自知之明，不卑不亢；能客观评价别人和自己，善取人之长补己之短，宽以待人，乐于助人；积极的交往态度多于消极态度，交往动机端正。

7. 社会适应正常

个体应与客观现实环境保持良好秩序，既要进行客观观察以取得正确认识，以有效的办法应付环境中的各种困难，不退缩，又要根据环境的特点和自我意识的情况努力进行协调，改变环境适应个体需要，或改造自我适应环境。

8. 心理行为符合大学生的年龄特征

大学生是处于特定年龄阶段的特殊群体，大学生应具有年龄、角色相适应的心理行为特征。

心理健康的标准是一种理想尺度，它一方面为人们提供了衡量心理是否健康的标准，同时也为人们指出了提高心理健康水平的努力方向。如果每个人在自己现有基础上能够做出不同程度的努力，都可追求自身心理发展的更高层次，从而不断发挥自身的潜能。大学生心理健康的基本标准，是他们能够进行有效的学习和生活的基本条件。如果正常的学习和生活都难以维持，就应该及时予以调整。

二、大学生心理发展的特点

大学生作为处于青年中期的一个特殊群体，其心理发展水平处于正在走向成熟而又未完全成熟的状态，这就决定了大学生的心理发展具有以下特点：个性发展趋于成熟与稳定；智力发展达到最佳水平；人际交往领域迅猛扩展；情绪强烈；容易激动；情感内容日益丰富；爱情需要与性意识快速发展；兴趣深化并与能力、职业成就相联系；规划生活、设想未来与预期开始走向社会化等。

三、大学生心理发展矛盾和冲突的主要表现

1. 独立性与依赖性的矛盾

进入拥有一定社会气氛的大学校园后，大学生的自信心、自尊心和独立意识迅速增强；但由于各种主客观因素的制约，大学生在经济上尚未独立、思想上还不很成熟、生活上自理能力参差不齐、人际交往阅历尚浅等，都使得大学生表现出显著的依赖性。这种依赖性与迅速发展的独立性之间产生了一种现实的矛盾冲突。

2. 优越感与自卑感的矛盾

作为千军万马过独木桥的胜利者，大学生自然是同龄人中的佼佼者，而进入大学后，发现自己身处强手如林的新的环境和集体中，这里不仅有学习能力强的高手，更有实践能力和社会工作能力强的能人，彼此间的差距尽管难以通过简单的考试加以区分，但各自都心知肚明：自己是高手，但高手之外还有高手。于是大学生原有的优越感与现实中的自卑心理之间产生了冲突和矛盾。

3. 交往需要与心理闭锁的矛盾

尽快适应新的环境、促进自己各方面能力提升的内在需要使得大学生对交往的渴望更加迫切，而在自我意识的作用下，大学生在人际交往的过程中会自觉不自觉地掩饰、隐藏自己的真实情绪，不愿轻易表露出自己真实的心理状况，这就是心理"闭锁"，它阻碍着大学生的人际交往。

4. 情绪与理智的矛盾

当认识与需要不一致时，大学生尽管在理智上明白应该理性地进行分析并选择恰当的行为以追求自身需要的满足，但往往受制于不稳定的情绪和缺乏有效的自我调控而事与愿违，甚至因一念之差而成千古恨事。

5. 求知欲与辨别力的矛盾

大学生求知欲强，这是日后成功的前提，但同时在认识和吸收新鲜事物的过程中，辨别是非能力上的不足又往往容易迷失方向，在价值判断和价值选择上误入歧途。

第三节　完善自我

自我意识的确立是大学生心理发展的重要标志之一，对大学生人格的形成、心理发展起着重要作用。大学阶段的自我意识是大学以前的自我意识的继续与深化，同时又有着质的不同。这一时期，大学生自我意识从分化、矛盾走向统一，对于人的一生都有着特别重要的意义。

一、自我意识的含义

自我意识是指个体对自己作为主体和客体存在的各方面的意识。自我意识是个体通过观察、分析外部活动及情境、社会比较等途径获得的，是一个多维度、多层次的心理系统。平时我们常说,"我觉得我观察问题有点粗心大意""我觉得我是个急性子的人""我认为我能完成这项工作""我觉得我对某某的感情发生了变化"等,这些对自己感知觉、情感、意志等心理活动的意识,对自己与客观世界的关系,尤其是人我关系的意识,以及对自身机体状态的意识,都属于自我意识之列。一般来说,它包括以下三个方面的内容:

(一) 个体对自身生理状态的认识和体验

这是指对自己身高、体重、容貌、身材、性别等的认识以及对生理病痛、温饱饥饿、劳累疲乏等的感受。如果一个人对自己的生理自我不能接纳,如嫌自己个子矮、不漂亮、身材差、皮肤黑等,就会讨厌自己,自卑而缺乏自信。

(二) 个体对自身心理状态的认识和体验

这是指对自己知识、能力、情绪、兴趣、爱好、性格、气质等的认识和体验。如果一个人对自己的心理自我评价低,如嫌自己能力差、智商不高、情绪起伏太大、自制力差等,就会否定自己。

(三) 个体对自己与周围关系的认识与体验

这是指对自己在群体中的地位、作用以及自己和他人的相互关系的认识、评价和体验。如果一个人认为周围的人不喜欢自己,不接纳自己,找不到知心朋友,就会感到很孤独、寂寞。

影响个体自我意识的因素除了与人的自我态度、成长经历、生活环境有关,他人评价,特别是生命中重要人物如父母、家人、老师、朋友、同学等的态度和评价,会对自我意识的发展产生重要影响。

二、如何正确认识自我

俗话说:"人贵有自知之明。"正确地认识自我,就是要全面地了解自我,不仅了解自己的性格、气质、能力,了解自己与他人的异同点,了解自己的过去和现在有什么不同,发生了哪些变化,其中特别重要的是要了解自己的长处和短处,把握自己与群体的关系,自己在社会生活中所处的位置,对自我做出恰如其分的评价。如果一个人能对自己有一个全面正确的认识和评价,就能够扬长避短,取长补短,控制自己,改变自己,完善自己,就能根据自己的实际情况选择相应的目标为之奋斗。

例如:我是一个内向、坚强、上进、自信、有理想、懂事、好学、乐于助人、疾恶如仇、争强好胜、渴望成功与优秀、有一点自私、妒忌心强、自制力弱、说些小谎的大学男生。在父母眼中,我是一个懂事、有些害羞、不用父母操心、上进的、不乱花钱、有些懒惰的大男孩;在兄弟姐妹眼中(只有一个妹妹),我是妹妹心中可以依靠与信赖的大哥,是一个诚实守信、爱护妹妹的好哥哥；在同学眼中，我是一个大方、乐于助人、受人尊敬、好人缘、有些懒散、追求自由的人；在老师眼中，我是一个默默无闻、成绩优秀、自律、品学兼优的学生；在恋人眼中，我是一个懂得爱、有责任感、守时守信、有幽默感、坚强的好男人。

上面是一个学生的自我描述，也是自我认知的一部分。当自己将这些描述清晰地整理出来时，你可以与你的同学与家人、朋友、恋人沟通，听取他们对你自己评价的认同度，这也是自我过滤的过程。先将自己的优点列出，并得到大家的认同，再写出自己的弱点，请大家帮助分析，这些澄清的过程也是自我认识不断深化的过程。要做到正确认识自我，可以采用以下几种方法：

1. 自评

孔子曰："吾日三省吾身。"大学生要学会通过自省而认识自己。如"我是一个什么样的人"，可以通过三条途径来认识自己。一是自己眼中的"我"，包括身体、容貌、性别、年龄、职业、性格、气质、能力等。二是别人眼中的"我"。在与别人交往时，由别人对你的态度、情感反映而觉知的我。不同关系的人对自己的反应和评价不同，它是个人从多数人对自己反应归纳的统觉。三是自己心中的"我"。也指自己对自己的期许，即理想我。我希望成为一个什么样的人？自己的理想和人生目标是什么？大学生应该经常检查自己的行为和动机是否正确，检查自己行为的实施过程中有什么不足，检查自己行为的结果有哪些收获和缺憾，从中发现自己的优点与不足，以便有的放矢地进行自我调节。

2. 他评

心理学家认为，当一个人的自我评价与别人对他的客观评价有较大程度的一致性时，表明他的自我意识较为成熟。了解他人对自己的看法，常有助于发现自己忽视的问题。古人说："以铜为鉴，可以整衣冠；以人为鉴，可以知得失。"个体可以通过他人对自己的态度、期望、评价来认识自己。但值得注意的是，对别人的评价应有一个正确的态度，不能因过高的评价而飘飘然，也不能因为过低的评价而失去自信心。

3. 与他人比较

有比较才有鉴别。当人们在缺乏客观评价标准的情况下，可以通过与他人的比较来评价自己。但这种比较需要不同的参照常数，在比较时应注意三点：

第一，跟别人比较的是行动前的条件，还是行动后的结果？如来读大学前家庭经济条件如何？家住农村还是城市？读大学后自己及他人各取得哪些成绩？

第二，比较的标准是什么？是绝对的还是相对的？是可变的还是不可变的？如身材、家庭等是不可变的，而知识、能力等是可以提高的。

第三，与什么样的人比较？如果与自己相类似的人比较，就能找出自己的实际水平及在群体中的地位；与杰出人物比较，则能找出自己的差距和努力的方向。在与他人比较过程中，最重要的是要选定恰当的而不是盲目的对照参数，既不要以自己的长处比别人的短处，也不能以自己的短处比别人的长处。要注意看到自己和他人之间的差距，又要学会用发展、辩证的眼光去看待自己。这样，比较的视野越广阔，方法越科学，自我的位置就定得越恰当。恰当地与他人比较而正确地评估自己的人，就能做到既不妄自尊大，也不妄自菲薄，从而能合乎实际地确定自己的奋斗目标，制订切实可行的行动计划。

4. 用活动成果来评价自我

活动成果的价值有时直接标志着自身的价值，社会衡量一个人的价值时主要是通过活动成果论定的。理想的活动成果可以使个体进一步认识自我的能力，发现自我的价值，从而进一步开发潜能，激发自信。其实任何一种活动都是一种学习，不经一事，不长一智。成败得失，其经验也因人而异。对聪明又善用智慧的人来说，成功、失败的经验都可以促使他再成功，因为他们了解自己，有坚强的人格特征，善于学习，因而可以避免重蹈失败的覆辙；而对于某些自我比较脆弱的人来说，失败的经验可能使他丧失自信心；对于有些狂妄自大的人来说，他们可能因幸得成功而骄傲自大，以后做事便会自不量力，在遭受更多的失败后出现一蹶不振，从此不能支撑起独立的自我。

第四节 正确面对挫折

一、大学生可能出现挫折的主要表现

1. 学习中的挫折

这主要表现在专业上的挫折、课程上的挫折、基于对某些老师和他人的才学及为人等的畏惧或不信任而带来的挫折、考试成绩不佳造成的挫折等。

2. 生活中的挫折

这主要表现在自尊心上的挫折、失恋的挫折、生理或心理疾病上的挫折等。

3. 交往中的挫折。

这主要表现在交往的功利性、复杂性带来的不适应和挫折等。

二、如何正确面对挫折

首先要正确认识挫折。一方面要努力克服错误的思想方法，纠正以偏概全、无限扩大后果和挫折本不该发生等错误的思维方式；另一方面要确立"失败"的正确观念，要把每一次失败看作是为今后的成功积累动力、积累机会、积累希望。

其次，正确对待挫折并最终战胜挫折，还必须在正确认识挫折的基础上，采取科学、理智的行为方式。一是要避免愤怒、生气、自暴自弃、借酒消愁等错误的有害的不良行为；二是要采用正确的方法和途径，树立正确的奋斗目标，正确分析和探求造成挫折的真实原因，善于灵活应变和情绪转移，增强挫折容忍力，合理宣泄，寻求社会支持等。

最后，要正确面对挫折和失败，还要善于总结经验、吸取教训，坚定自己的信念。将小成功积少成多，你便会相信自己是个有能力的人。回忆成功的往事片段能在你颓废、失意时帮助你走出自卑，恢复信心。

三、大学生情绪特点的主要表现

大学时期是青年人心理走向成熟的重要时期，也是情绪丰富多变、相对不稳定的时期。随着社会角色的变化、知识素养的提高以及所处特定年龄阶段的影响，大学生的情绪带有鲜明的特征，其主要表现为：

1. 丰富性

大学时期是人生面临多种选择的时期，学习、交友等人生大事都在这一阶段完成，大学生对任何事情都特别关注，对新鲜事物也十分好奇。因此，考试不及格、朋友误解甚至天气变化等都可能导致消极情绪的产生。

2. 不稳定性

面临复杂的社会现象，大学生容易感到迷茫，情绪容易跌宕起伏。

3. 冲动性

大学生兴趣广泛，年轻气盛，从众心理比较严重，情绪易被激发。

4. 阶段性

不同年级的大学生呈现不同的情感特点。

5. 内隐性

很多大学生的情感不像中小学生那样容易喜形于色，有时外显的表现和内心的体验不一致。

第五节　用理智升华爱情

爱情是大学生成长发展过程中普遍关心的重要问题,更是大学生新生应正确思考的问题。培养爱的能力,在恋爱中学习如何去爱别人,同时珍爱自己,用理智升华爱情,这是自我成长发展的重要课题。

一、爱情是什么

爱与被爱是人类正常的情感需要,只有拥有健康恋爱心理与行为的人,才能体会到真正的爱情。法国著名作家雨果说过:"人生有两次出生,头一次是在开始生活的那一天,第二次则是在萌发爱情的那一天。"

(一) 爱情的内涵

爱情是一对男女基于一定的客观物质基础和共同的生活理想,在各自内心形成的真挚诚实、相互爱悦并渴望对方成为自己终身伴侣的一种最强烈、最深沉同时又是最复杂、最微妙的美好感情。

1. 爱情源于性爱,又高于性爱

爱情作为人类精神上的一种最深沉的冲动,其动力是人的性欲,是人类延续种类的本能,这种本能是爱情的生物学基础。然而,爱情源于性爱,又高于性爱。因为人作为一种有感情、有理智、有道德的社会动物,具有社会性,其自然属性也因此被社会化。人的性要求并不是以一种完全自然的方式来满足的,而是以一种内容丰富且不断变化的社会方式来进行的。因此,爱情是人类肉体和精神的升华,是人类灵与肉的配合,并非一种纯属本能的情欲。

2. 爱情与友情既有区别又有联系

爱情和友情都是人与人交往的产物,两者有密切的联系,也有质和量的区别。一般而言,多数人都是经历从交友、恋爱到婚姻的历程,因此,友情是爱情的基础和前提,爱情是友情的发展和质变。友情可以发展为爱情,也可以永远不发展成爱情。大量事实说明,想要进一步理解爱情的内涵,还需要弄清楚爱情与友情的联系和区别,切不可误把友情当爱情,也不可误把爱情当友情。实事求是地讲,男女青年在交往过程中,要准确判断和把握友情与爱情,有时的确不那么容易。正因如此,它引起了专家、学者们的极大兴趣。一位日本心理学家提出的四个指标有一定的代表性,也颇有见解。

第一，支柱不同。友情的支柱是"理解"，爱情则是"感情"。友情最需要的支柱是彼此的相互了解，不仅是对方的长处和优点，就是短处和缺点也要充分认清，只有这样，才能产生友情。爱情则不然，贯穿其全过程的是感情。

第二，地位不同。友情的地位"平等"，爱情却要"一体化"。朋友之间立场相同，地位平等，彼此之间无须多余的客气，也没有烦恼和担忧，如果遇到对朋友不满时，可以直率地提出忠告，甚至动怒，也有义正词严的规劝。朋友之间就是这样，有人格的共鸣，亦有剧烈的冲突。爱情则不然，它具有一体感，身体虽二，心却为一，两者不是互相碰击，而是互相融合。

第三，体系不同。友情的基础是信赖，爱情则融合着牵挂。一份真诚的友情具有绝对的依赖感，犹如不会动摇的磐石。而一对相爱的男女却时时牵挂对方。

第四，心境不同。友情充满"充足感"，爱情则充满"欠缺感"。当两个人是亲密的好朋友时，彼此都有满足的心境；两个人一旦成为情人时，虽然初期有一时的充足感，但不久之后，就会心生不满足感，总希望有更强烈的爱情保证，经常有一种"莫名的欠缺"尾随着，有着某种不踏实的感觉。

一般来说，每个人在交往中只要不欺骗自己，不是在做戏，能好好地反省自己内心的感情动向，依据上述四个指标，仔细地观察、反省，并作综合分析，对友情与爱情是可以正确地辨别的。当然，人的心理和行为是复杂的，并且会不断地发生变化，所以，无论是友情还是爱情，都要经受时间和实践的考验。

3. 爱情是基于给予、关心、尊敬和责任感的一种积极行动

著名社会心理学家弗罗姆在其《爱的艺术》一书中说，爱是人类为摆脱寂寞和孤独感与他人和世界结合起来的积极的行动。成熟的爱是在保持一个人的完整性和个性条件下的结合。爱之所以不是一种被动的情感，而是一种积极的行动，是因为它主要是给予而不是接纳。给予并不意味着放弃、丢失、牺牲某些东西，而是指把自己身上存在的东西，如快乐、兴趣、同情心、谅解、知识等，给予别人。在给予中，他不知不觉地使别人身上的某些东西得到新生，这种新生的东西又给自己带来了新的希望，双方共享由此带来的快乐。

（二）爱情的心理实质

美国耶鲁大学的斯滕伯格教授提出了爱情成分理论。该理论认为，人类的爱情虽复杂多变，但基本上不外乎由三种成分组成，组成爱情的三种成分是：

（1）动机成分。动机有内发的性驱动力，也包括异性之间身体、容貌等特征的彼此吸引。

（2）情绪成分。由刺激引起的身心激动状态，如喜、怒、哀、惧等。

（3）认知成分。对情绪和动机的一种控制因素，是爱情中的理智层面。

"爱情三因论"认为，两性间的爱情形式因人而异，很可能所有情侣间的亲密关系和热

烈程度各不相同，但基本上是由这三种成分彼此不等量的配合而演化出来的。

"爱情三因论"对爱情本质的理解给了我们许多启示。首先，爱情的动机成分表明爱情有其生理的基础，由性驱动力所致，包括身体、容貌等。性生理的发育成熟，必然有性的冲动与欲望。爱情以人的生理成熟为基础。其次，爱情使人有强烈的情绪体验，如幸福、快乐、痛苦、悲伤等。情绪体验会有变化，有时激情澎湃，如热恋中的人，有时可能干涸。最后，爱情有理性的一面，不仅仅是情感体验，承诺、责任感也是爱情的重要成分。每个人的三种成分所占的比例各不相同。因此，在现实生活中我们常常感到，沉浸在爱河中的人们有很多不同的表现，有的平静如水，有的澎湃激烈，有的亲密无间，有的若即若离，有的天长地久，有的稍纵即逝，从而构成了多姿多彩的爱情世界。

（三）爱情的基本特征

1. 自主性和双向性

爱情是一对男女之间的爱慕关系，它是一种精神上的自由选择，是主体自身自觉、自愿、自择的结果，来不得半点勉强和强制。只要沾上一点强制和胁迫，爱情就会即刻转化为一种统治关系或剥削关系。同时，爱情必须以互爱为前提，女子和男子享有同等的权利，任何单相思、一厢情愿都不是爱情。正如马克思所说，只能用爱去换取爱，用信任去换取信任。如果你在爱别人，但没有唤起对方对你的爱，也就是说你的爱作为一种爱情不能使对方产生爱情，即作为一个正在爱的人，你不能把自己变成一个被爱的人，那么你的爱情是软弱无力的。

2. 专一性和排他性

爱情是一对男女之间的相互倾慕，不得有第三者插足。青年人的爱情具有激动、疯狂、如痴如醉的品格，中年人的爱情具有风雨同舟、患难与共以及温存、醇厚的品格；老年人的爱情具有相互珍惜、含蓄典雅以及人格升华的品格。

3. 社会性和道德性

爱情的这一基本特征，在其主要内涵中均有涉及。德国古典哲学家黑格尔明确指出："爱情里确实有一种高尚的品质，因为它不只停留在性欲上，而是显示出一种本身丰富的高尚优美的心灵，要以生动活泼、勇敢和牺牲的精神和另一个人达到统一。"爱情具有社会性和道德性的根本原因在于人作为爱情的发动者和承受者具有社会性和道德性。其内容主要包括人的价值观、人生观、知识水平、道德修养等。换句话讲，如果否认爱情的社会性和道德性，那么我们就很难解释人为什么有爱情的选择性，也就是为什么只爱"他（她）"，而不是别的"他（她）"。

二、用理智升华爱情

（一）学会自爱

艾克哈特大师有一段话："如果你爱自己，你就会像爱自己那样爱其他的每个人。只要你对其他人的爱不及对自己的爱，你就不会真正地爱你自己。但是，如果你同样地爱所有的人，包括爱你自己，你就会爱他们像爱一个人，这个人既是上帝又是人类，这样的人就是一个爱自己，同样也爱其他所有人的伟大而正义的人。"

真正的爱就像弗洛伊德讲的，意味着"关心、尊重、责任、认识"，它不是为某个人所爱之意义上的一种情感，而是为所爱的人的成长和幸福的一种积极、主动的奋斗，它根植于"自爱的能力"。爱某个人是爱的能力的实践和凝聚，"人对自己的生命、幸福、成长、自由的确定，同样根植于其爱的能力，也就是说根植于关心、尊重、责任和认识。如果一个人有能力产生爱，他也就爱他自己，如果他仅爱其他人，他就根本不能爱。""自私和自爱是不统一的，它们实际上是对立的。自私的人爱自己不是太多，事实上他是仇视自己的。"在爱别人之前学会爱自己是十分重要的。

（二）培养爱的能力

爱的能力是指和他人建立亲密关系的能力，它对人的一生发展有着重要的意义。具备了爱的能力会引导一个人去真正地爱他人，也真正地爱自己，能真正地体验爱给人带来的快乐和幸福。恋爱的过程是培养爱的能力的过程。爱的能力是一种综合的素质。既像上面讲到的首先需要个人有爱的储备，同时又表现为在爱的过程中许多方面的能力。

著名社会心理学家弗罗姆在其《爱的艺术》一书中指出，爱不是一个人偶然幸运地体验并为之"陶醉"的一种快感，而是一门需要知识和努力的艺术。许多人相信爱只是一种快感，认为爱没什么可学的。他们之所以持这种态度，是因为错误地把爱只简单地看成被爱的问题，而不是看成爱人及自己有无爱人能力的问题。同时，弗罗姆还指出，要掌握爱的艺术，一是要掌握理论，二是要学会实践，三是要赋予爱以最大的关切。

应该说，弗罗姆的以上论述是非常精粹、独到和有见地的，甚至可以说，他简直就是针对大学生讲的。因为大学生正处于青春的后期，他们渴望爱情，追求爱情，但又对爱的知识知之甚少，更缺乏爱的能力，使恋爱、婚姻这种自身带有矛盾的事情从一开始就存在着隐患。当然，这也是造成大学生性爱困扰及其恋爱成功率不高的主要原因。那么，出路何在呢？弗罗姆的话无疑具有十分重要的借鉴意义。爱是一门需要知识和努力的艺术。大学生从性成熟、恋爱到结婚，中间一般要 7~8 年，这一时期的一个重要任务就是要为未来成功的婚姻做准备，培养爱的能力。

1. 迎接爱的能力

迎接爱的能力包括施爱的能力和受爱的能力，前者是主动给予爱，后者是被动接受爱。尽管恋爱之初或许是一方施爱、一方受爱，但就恋爱的整个过程来说，必定是男女双方互相施爱和受爱，否则爱就无法持续下去，爱情也就不能称之为爱情。

一个人心中有了爱，在理智分析之后，敢于表达，善于表达，是一种爱的能力。一个人面对别人的施爱，能及时、准确地对爱作出判断，并作出接受、拒绝或再观察的选择，也是一种爱的能力。缺乏爱的能力的人，或是匆忙行事或是无法把握。

2. 拒绝爱的能力

这是对不愿或不值得接受的爱加以拒绝的能力。大学生活中可能有并不期待的爱情来到眼前，有时还可能出现挥之不去的阴影，所以，拒绝爱的能力也显得非常重要。拒绝爱的能力包括两个方面：一是敢于理智地拒绝不希望得到的爱情。在一份并不希望得到的爱情到来时，优柔寡断或屈从于对方穷追不舍的做法都是有害的，因为爱情来不得半点勉强和将就，因此，要学会勇敢地说"不"。二是要掌握恰当的拒绝方式。曾有这样的情形：一个女生收到一封男同学的求爱信后，不顾情面、不假思索地将信公之于众，结果使那个男同学的感情和自尊心受到伤害，造成了不好的结果。这是很不妥当的。虽然每个人都有拒绝爱情的权利，但是，珍惜每一份真挚的感情是对他人的尊重，也是对自己的尊重，同时也是一个人道德情操的体现。生活中善良的人们都是这样的：真切地关怀和同情他人的命运，运用一种充满关切、尊重和机智的方式来维护自己也维护他人的利益。一个人的魅力不是靠他的某种条件，而是靠他的心灵来维护的。

3. 承受失恋的能力

失恋是恋爱过程的中断，在客观上表现为与相爱者的分离，在主观上表现为失恋者体验的悲伤、绝望、虚无、忧郁等创伤性情绪，在行动上多表现为冷漠、颓废、烦躁、逃避或攻击等。

产生失恋的原因多种多样，或是由于家庭或社会舆论的压力，或是由于一方变心，或是由于双方在交往中发现彼此思想、个性不吻合，情感不融洽等。此外，某些人的人格特征也容易导致失恋，比如：内向而不把自己的想法、感情表明的人；以自我为中心，以自己的感情左右其行动，而不顾及对方感情的人；梦想可望而不可即的人；自恋感强烈的人，把对方过分理想化的人等。

失恋对一个人来说是一次不小的打击，但有时打击也会促使失恋者走向成熟。首先要正确对待失恋，摆脱自卑的束缚。失恋的人往往心理脆弱，容易在郁郁寡欢中失去自信，认为失恋意味着自己无能，这多半是自己强加给自己的，失恋其实是很自然的事。在此，超然与雍容的态度非常可取，如果不属于自己，分手本身就是幸运，如果是因为自己的经验不够或是某方面的不足所致，那就从这次失败中站起来，认真总结经验，努力完善自己。失恋并不是失败，失恋更不能失志。

有了对待失恋的正确态度，就可以寻求一些具体的途径来解除失恋的痛苦：进行一次旅游，让自己置身于大自然的怀抱；找几本传记小说来读读，从他人的经历中获取力量；找知心朋友或心理咨询机构倾吐一番，消除心中的郁闷；把注意力转向学习、活动，使心理得到某种补偿。无论是以哪种形式缓解失恋的苦涩，一份超然的心境是最为重要的。失恋犹如观看晚霞，有时人们未及饱览，夜幕就已降临，这时只好把一切美丽收进记忆的深处。是遗憾吗？当然。然而，以超然的心境站在审美的高度来反观这种遗憾时，谁能说这悲凉里没有过生命楚楚动人的辉煌？经历过后都是一种经验，也是一种内心的豁达与成熟。

4. 发展爱的能力

美国著名诗人惠特曼说："爱不是一种单纯的行为，而是我们生活中的一种气候，一种需要我们终身学习、发现和不断前进的活动。"鲁迅先生也指出："爱情必须时时更新、生长、创造。"爱情是人类最美好的感情，恋爱只是爱情生活的第一步。在人生漫长的道路上，要使爱情之树常青，必须不断发展爱的能力。

发展爱的能力主要包括三个方面：

一是要不断发展爱的鉴赏能力。弗罗姆认为，要获得爱的成功，就要有约束感、专注感、忍耐性及高度的关心，需要有谦逊感、客观性和理智感的发展。其实，爱是一种意志行为，是一种把自己的生命同另一个生命紧紧维系在一起的决策行为。爱某人不仅仅是一种强烈的感情，还是一种决策，一种鉴赏力，一种诺言，一种生命相托的行为。因为情感可以产生也可以消失，所以，男女双方要白头偕老和永远相爱，就应当不断发展爱的鉴赏力。

二是要不断发展爱的生活能力。黑格尔说："爱是一个人放弃自我独立而和另一个人之间的统一，因而爱是一种不可思议的矛盾。"男女相爱的过程也常常是一个矛盾纷呈的过程，这在婚姻和家庭生活中表现得尤为明显。为什么有些人认为"婚姻是爱情的坟墓"，爱情就像一座"围城"，原因大概就在于此。事实上，真正的爱情并不完全是文学家笔下的花前月下、甜言蜜语，也不是"剪不断、理还乱"的狭隘、缠绵情思，而是包含着丰富的生活内涵，需要相爱双方不断充实精神世界和提高生活能力来支撑这一崇高的情感。相爱的人们只有在爱的实践中不断充实精神世界，丰富生活经验，培养处理爱之矛盾的能力，才能使爱情不断巩固、不断发展，使爱情之树根深叶茂、开花结果。

三是要不断完善自己的人格。弗罗姆在《爱的艺术》一书的前言中写道："人必须竭尽全力促进自己完善的人格，形成创造性的心理倾向，否则他追求爱的种种努力注定要付之东流。"莫里哀说："爱情是一位伟大的导师，教我们重新做人。"大学生要想爱得成功，应当不断完善自己的人格，无论是心理学研究，还是大学生活生生的现实，都说明了这一点。

（三）在理想和事业的追求中升华爱情

爱情和事业是人生的两大支柱，没有爱情的人生是苍白的，没有事业的人生则是空虚的。真正充实、高尚的爱情，属于热恋而不忘事业的人们。美好的爱情只有在理想和事业的追求中才能得以升华。

我国著名文学翻译家傅雷先生给正在读大学的儿子傅聪的信中写道："学问第一，艺术第一，真理第一，爱情第二，这是我至此为止没有变过的原则。""我想你心中的上帝一定也是巴赫、贝多芬、肖邦等第一，爱人第二，既然如此，你目前所能支配的精力和时间，只能贡献给你的第一个偶像，还轮不到第二种神明。"这不仅是傅雷先生的人生哲理，也是许多父辈对年轻大学生的希望。著名作家柳青曾经说过："人生的路虽然漫长，但要紧处常常只有几步，特别是当人年轻的时候。"大学是事业的摇篮，处理好大学期间爱情与学业的关系，不仅关系着大学生活是否充实、美好，更关系着我们的人生是否成功、幸福。

大学阶段可谓人生的黄金时期，是人生中精力旺盛、想象力和创造力最活跃的时期。一生的事业在这里打下基础，成才的希望在这里播下种子，生命的历程在这里起飞。这一时期的作为在一定程度上预示着人一生中成就的大小，大凡有成就的人，都是在青年时代打下了坚实的基础或有令人瞩目的成就。大学生活为生机勃勃的大学生开辟了全面发展的广阔天地，大学的全部意义在于学习、培养和提高自身的各种素质。诚然，爱情的追求并不意味着学业的荒废，但是，生活的严峻也使我们在诸多需要中往往只能选择其中最重要的一种，我们必须冷静地思考自己最需要什么？真正的爱情固然是事业的帆和桨，能激发人的力量，鼓舞人前进，但这些都是以我们理智地把握感情为前提的。对于人格尚不完全成熟的大学生来说，要把握这一人生难题，实在不那么容易。面对大学期间繁重的学业，我们的时间和精力都十分有限，如果把对爱情的追求作为大学期间的第一要事或者唯一要事去做，势必会耗费大量的精力和智慧，无异于舍本求末。大学时光并不是每个人都能拥有的，即使是幸运儿，也只能拥有一次。爱情可以迟到，而错过了自我全面发展的宝贵时间，却是追悔莫及的。人生是一部交响曲，爱情这一旋律的出现，只有恰到好处地与友谊、事业、理想等旋律和谐一致时，才能使人生的交响曲悦耳动听、妙不可言。用理智升华爱情，大学生的人生将更加辉煌！

第六节 大学生人际交往中的心理障碍

处于青年期的大学生，思想活跃，精力充沛，兴趣广泛，人际交往的需要极为强烈。他们力图通过人际交往去认识世界，获得友谊，满足自己物质上和精神上的各种需要。但在交往过程中，有的人交往顺利，心情舒畅，身心健康；有的人交往受挫，便心情郁闷，身心受损，产生各种不良后果，这在大学生中极为常见。据某咨询中心统计，大学生在各种心理障碍中，人际交往障碍表现最为突出，直接影响他们正常的学习和生活。

一、大学生交往中的心理障碍

人际交往是指人运用语言或非语言符号交换意见、交流思想、表达情感和需要的过程。一般来说，大学生在人际交往过程中，出现一些困难或不适应是难免的，但如果个体的人际关系严重失调，人际交往时常受阻，就说明存在着交往障碍。大学生常见的交往障碍主要表现在以下三个方面：

（一）认知障碍

认知障碍在大学生的人际交往中表现突出而常见，这是由青年期的交往特点所决定的。青年期自我意识迅速增强，开始了主动交往，但其社会阅历有限，客观环境的限制使其不能够全面接触社会，了解人的整体面貌，心理上也不成熟，因而人际交往中常又带有理想的模型，然后据此在现实生活中寻找知己，一旦理想与现实不符，则交往产生障碍，心理出现创伤。人际交往的目的在于满足交往双方的需要，是在互相尊重、互谅互让、以诚相见的基础上得以实现的。而有的大学生却常常忽视平等、互助这样的基本交往原则，常以自我为中心，喜欢自吹自擂、装腔作势、盛气凌人，自私自利，从不考虑对方的需要，这样的交往必定以失败而告终。

（二）情感障碍

情感成分是人际交往中的主要特征，情感的好恶决定着交往者今后彼此间的行为。交往中感情色彩浓重，是处于青年期大学生人际交往的一大特点。情感障碍具体体现在以下几个方面。

(1) 嫉妒与自卑。嫉妒是一种消极的心理品质，表现为对他人的长处、成绩心怀不满，报以嫉恨，乃至言语上冷嘲热讽，甚至采取不道德行为。嫉妒容易使人产生痛苦、忧伤、攻击性言论和行为，导致人际冲突和交往障碍。如有的大学生在恋爱的竞争中失败，转而恶语中伤他人。

自卑是一种过低的自我评价。自卑的浅层感受是别人看不起自己，而深层的体验是自己看不起自己。有自卑心理的大学生在交往中常常缺乏自信，畏首畏尾，遇到一点挫折，便怨天尤人，如果受到别人的耻笑与侮辱，更是甘咽苦果、忍气吞声。实际上，自卑者并不一定能力低下，而是凡事期望值过高，不切实际，在交往中总想把自己的形象理想完美，惧怕丢丑、受挫或遭到他人的拒绝与耻笑。这种心境使自卑者在交往中常感到不安，因而常将社交圈子限制在狭小的范围内。

(2) 自负与害羞、孤僻。自负者在人际交往中表现出傲气轻狂、居高临下、自夸自大，过于相信自己而不相信他人，只关心个人的需要，强调自己的感受而忽视他人。与同伴相处，高兴时海阔天空，不高兴时大发脾气。与熟识的人相处，常过高地估计彼此的亲密程度，使对方处于心理防卫而疏远。无论是自卑还是自负，都是导致交往障碍的两个极端。

害羞在大学生人际交往中常常表现出腼腆、动作扭怩、不自然、脸色绯红、说话音量低而小，严重者怯于交往，对交往采取回避的态度。害羞的人过多约束自己的言行，无法充分表达自己的愿望和情感，也无法与人沟通，造成交往双方的不理解或误解，妨碍了良好人际关系的形成。

孤僻也会导致交往障碍，具体表现为孤芳自赏，自命清高，结果是水至清则无鱼，人至爱则无朋，与人不合群，待人不随和。或者由于行为习惯上的某种怪僻使他人难以接受，这样从心理上与行为上与他人有着屏障，自己将自己封闭起来。

（三）人格障碍

人格障碍是另一种常见的人际交往障碍。所谓人格，是指人在各种心理过程中经常地、稳定地表现出来的心理特点，包括气质、性格等。人格的差异带来交往中的误解、矛盾与冲突，人格不健全可直接造成人际冲突。如不同气质类型的人对同一问题的处理方式不一样，"胆汁质"的人性情急躁，言谈举止不太讲究方式，这会使"抑郁质"的人常感委屈和不安，造成双方的互相抱怨和不满。而相同性格类型的人（同是内向性格或同是外向性格）也很难相处融洽。

二、常见人际交往障碍的克服

每个人在交往中都或多或少地出现这样或那样的问题，因此改善人际关系，加强人际交往，对大学生的学习、生活和心理健康都有重大意义。

（一）提高认识，掌握技巧

大学生要不断调整自己的认知结构，对人际交往形成一种积极的准确的认识，而不要把人与人之间的关系视为尔虞我诈。同时加强交往技巧的培养，促使交往双方达到心理相容。为此，在人际交往中应尽可能地做到：

（1）肯定对方。人类普遍存在着自尊的需要，只有在自尊心高度满足的情况下，他才会产生最大程度的愉悦，才会对人际交往中对方的态度、观点易于接受。特别是处于青春期的大学生，自尊心极强，因而在交往中首先就必须肯定对方、尊重对方，这是成功交往的一半。

（2）真诚热情。人际交往中，若对方感到了你的真诚与热情，显然会得到对方肯定的评价。所以在交往中，不但需要有充沛的热情，同时又要坦诚言明自身的利益，显得真诚而又合情合理。这样，自然会得到对方的接纳，为成功交往架起了一道桥梁。

（二）充分实践，改善交往措施

良好的人际关系是在交往中形成和发展起来的。大学生从入校的第一天起，只要注意加强交往的实际锻炼，良好的交往能力就一定会形成。

初入校门的大学生，在与一些不熟悉的人交往时，可以从一般的寒暄开始，之后转入中性话题，如来自哪个学校、姓名、有哪些业余爱好等，而后再转入双方感兴趣的、触及个人利益的话题，如工作、学习、身体等，最后，即可随便交谈起来。这种交往能锻炼自己主动交往的本领，寻找相互感兴趣话题的本领。同时，良好的人际关系也有赖于相互的了解。相互了解有赖于彼此思想上的沟通，因此要注意常与人交谈，交换看法，讨论感兴趣的事情。这样，可借以表达自己的喜怒哀乐，降低内心压力，在沟通中求得主观世界与客观世界的平衡，有益于身心健康。但在沟通时，语言表达要清楚、准确、简练、生动，要学会有效聆听，做到耐心、虚心、会心，把握谈话技巧，吸引和抓住对方。

此外，一个人在不同场合具有不同角色，在教室是学生，在阅览室是读者，在商店是顾客。在交往活动中，如果心理上能经常地把自己想象成交往对方，了解一下自己处在对方情境中的心理状态和行为方式，体会一下他人的心理感受，就会理解别人的感情和行为，从而改善自己待人的态度，这种心理互换也是培养交往能力的好办法。

（三）培养良好的交往品质

（1）真诚。"人之相知，贵相知心。"真诚的心能使交往双方心心相印，彼此肝胆相照，真诚的人能使交往者的友谊地久天长。

（2）信任。美国哲学家和诗人爱默生说过："你信任人，人才对你重视。以伟大的风度待人，人才表现出伟大的风度。"在人际交往中，信任就是要相信他人的真诚，从积极的角度去理解他人的动机和言行，而不是胡乱猜疑，相互设防。信任他人必须真心实意，而不是口是心非。

（3）克制。与人相处，难免发生摩擦冲突，克制往往会起到"化干戈为玉帛"的效果。克制是以团结为金，以大局为重，即使是在自己的自尊与利益受到损害时也是如此。但克制并不是无条件的，应有理、有利、有节，如果是为一时苟安，忍气吞声地任凭他人的无端攻击、指责，则是怯懦的表现，而不是正确的交往态度。

第五章　安全警示——做一个让他人不用担心的人

【案例警示】

徐玉玉被骗案

2016年8月19日，即将踏入大学的18岁临沂女孩徐玉玉接到了一个电话，结果被骗走了上大学的费用9900元。得知被骗后，徐玉玉伤心欲绝，郁结于心，最终导致心脏骤停，虽经医院全力抢救，但仍不幸于8月21日离世，让人扼腕。

2016年高考，徐玉玉以568分的成绩被南京邮电大学录取。8月19日下午4点30分许，她接到了一通陌生电话，对方声称有一笔2600元助学金要发放给她。在接到这通陌生电话之前，徐玉玉曾接到过教育部门发放助学金的通知。"18日，女儿接到了教育部门的电话，让她办理助学金的相关手续，说钱过几天就能发下来。"徐玉玉的母亲李自云说，由于前一天接到的教育部门电话是真的，所以当时他们并没有怀疑这则电话的真实性。

按照对方要求，徐玉玉将准备交学费的9900元打入了骗子提供的账号，发现被骗后，徐玉玉万分难过，当晚就和家人去派出所报了案。在回家的路上，徐玉玉突然晕厥，不省人事，虽经医院全力抢救，但仍没能挽回她18岁的生命。

徐玉玉生前身体健康，并无重大疾病，其家庭贫困，全家人只靠父亲在外打工挣钱。交学费的这9900元，是一家人省吃俭用大半年才凑出来的。

8月28日，山东临沂徐玉玉案件A级通缉令中最后一名嫌疑人投案自首，至此，该案6名犯罪嫌疑人全部落网。

法律能做到的，是对犯罪分子的严惩。然而，事件带给这个家庭的伤痛，却永远也无法消除。

徐玉玉案发生后，很多高校在新生入学前就进行了防电信诈骗安全知识考试。

大学生是祖国的希望，是未来社会的建设者，大学生的健康与安全问题是各高校乃至全社会都关注的焦点。大学生由于年轻，易鲁莽冲动，加上缺乏社会经验、安全防范和法律知识，往往在遇到各种安全问题时不能正确应对和处置。以往发生在大学校园的一些安全事故也一次次地向我们证明大学生安全问题不容忽视。因此高校要加强安全教育工作，提高广大师生安全防范的能力，有效减少校园安全事故的发生。

第一节 人身安全

【案例警示】

冲动的代价

2019年12月7日9:40左右,某专修学院男生宋某因欠熊某320元钱而发生矛盾,熊某邀约同学冯、喻、王、舒等4名男生到寝室找宋某还钱。因话不投机,熊某等人上前殴打宋某,宋某用隐藏在被子里的折叠水果刀将冯某胸部、喻某左大腿静脉血管刺伤,两名伤员随即被送往医院抢救。冯某经抢救无效死亡,喻某经抢救脱离生命危险。事发后,该学院立即报告公安局,公安局刑侦大队到校立案侦查,宋某当晚被公安机关刑拘。

大学生要注意自身人身安全,做到以下几点:

第一,尽量少去或者不去治安复杂场所,避免与不法分子发生矛盾。

第二,大学生在处理同学关系时,应互相关心、互相照顾、相互谅解、求同存异。同学之间有差异是正常的,每个人来的地方不同,成长环境不同,家庭条件不同,各人有各人的性格,在生活、处事方式上有差别是正常的。大家在一起生活,要互相尊重,要严于律己,宽以待人,要营造一种和谐、和睦的氛围。

第三,认真学习并严格遵守学校的规章制度。学校为了有秩序地组织教学活动,为了师生有秩序地生活,制定了各种规章制度。这些规章制度中有相当一部分内容是调解学生相互关系的准则,例如几点起床、几点上课、几点午休、几点熄灯睡觉等。这些规章制度是大家都要遵守的准则,大家都自觉遵守了,生活中便出现了许多共同点,少了许多纠纷的可能性。

第四,避免社会不良风气的侵蚀,预防黄、赌、毒的侵害和烟酒造成的人身危害。中国有一种不好的习气,哥们义气、老乡观念。似乎一有了这种关系,便没有原则是非了,只要是哥们儿的事、老乡的事,有求必应,为朋友两肋插刀。殊不知,当朋友、老乡与人发生纠纷以致斗殴时,你如果从哥们义气出发,必然把事情办坏,越帮越乱。还要正确处理恋爱关系。恋爱有两种结果,一种是结合,另一种是分手,这是正常现象。恋爱不成今后做朋友,决不能当敌人、当仇人。

第五,讲究社会主义精神文明,学会用文明幽默的语言化解纠纷。大学生中的纠纷多由口角引起,而口角的发生大多与恶语伤人有关。俗语说"祸从口出",即说话不当可能引来祸端。语言美是社会主义精神文明的重要内容,当你不小心碰撞别人、踩了别人脚,或把别人的书本碰到地上,总之,由于你的不小心,伤害了别人的利益时,要真心实意地向人说一句"对不起"。反过来由于别人不小心伤害了自己利益时,要讲大度,虚怀若谷,说一声"没关系",这样纠纷就会自然化解。例如,几个同学庆贺生日,当喝到面红耳赤时,发现相隔不远的几个青年男女猜拳、行令。一个同学说："社会变化快，女人也猜拳。"岂料这话被对方听到，马上便骂骂咧咧地走了过来要"理论"一下。另一个同学见势不妙，马上站起来客套地说："请别介意，他喝多了点。"这一句文明礼貌的话，倒使对方不好意思起来，马上改口说："没事，祝你们快乐。"

第六，及时化解矛盾，不要积怨甚久，导致激化。一个班，特别是一个宿舍的同学，在一起生活几年，难免产生矛盾，要注意及时化解，有些伤人感情的语言和行为容易造成积怨。因此，伤害过别人的，事后要主动向对方道歉、赔礼，请对方原谅。被伤害过的人，也可找适当的机会提醒对方注意，表明自己对他有意见。如果不及时化解，就可能天长日久，积怨成仇，一旦有"导火线"，就会火山爆发，矛盾激化，采取极端行为。

第二节　防止性骚扰与性侵害

近年来，女大学生遭遇性侵害的情况时有发生。这些女大学生，由于年轻，往往不知道如何在紧急关头运用恰当的方法来保护自己，在受到伤害以后不懂得用法律手段与违法犯罪行为作斗争，以至于让那些丧尽天良的恶魔得以继续为非作歹，逍遥法外。而受到侵害的女大学生则因为过度伤心、难堪，要么精神抑郁，不能自拔；要么就此消沉，甚至报复社会。作为女性，特别是新时代的女大学生，在面临种种性侵害时，如何来维护自己的合法权益，是全社会应该关注的问题。

一、性侵害的表现形式

性侵害是指加害者以传教、权力、暴力、金钱或甜言蜜语，引诱、胁迫他人与其发生性关系，并在性方面对受害人造成伤害的行为。它具有以下几种形式：

1. 暴力型性侵害

此类侵害一般是采用暴力手段，比如拳打脚踢、出示或使用利器威胁或直接劫持女生，加之言语恐吓，从而对女生实施调戏、猥亵或强奸等行为。

2. 胁迫型性侵害

胁迫型性侵害，是指利用自己的权势、地位、职务之便，对有求于自己的受害人加以利诱或威胁，从而强迫受害人与其发生非暴力型的性行为。其特点有：其一，利用职务之便或乘人之危而迫使受害人就范；其二，设置圈套，引诱受害人上钩；其三，利用过错或隐私要挟受害人。

3. 社交型性侵害

社交型性侵害，是指在自己的生活圈子里发生的性侵害，与受害人约会的大多是熟人、同学、同乡，甚至是男朋友。社交型性侵害又被称为"熟人强奸""社交性强奸""沉默强奸""酒后强奸"等。受害人身心受到伤害以后，往往出于各种考虑而不敢揭发。

4. 诱惑型性侵害

作案人往往利用受害人追求享乐、贪图钱财的心理，以满足其物质要求为诱饵，对受害人加以诱惑，进而对其实施性侵害。

5. 滋扰型性侵害

其发生地点多为人数较多、较为拥挤的公共场合，如利用挤公共汽车、排队购物等时机靠近女生，有意识地挤碰女生的躯体、胸部等。另一种表现是故意寻衅滋事，调戏女生，在其面前做出暴露生殖器等变态行为，甚至继而实施强奸行为。

6. 网恋型侵害

网络技术的迅猛发展，给在校的大学生提供了更多与陌生人交往的机会。时下，上网聊天、结识网友已成为高校的一种时尚，作案人在网络聊天中往往利用花言巧语，给那些正处于感情迷茫时期的女生以巨大的诱惑。在女大学生看来，那些人就是她们要找的"梦中情人"，因此容易上当受骗。

二、防范性侵害的措施

（一）女生夜间行走的注意事项

（1）保持警惕，最好结伴而行，不走偏僻、阴暗的小路。
（2）陌生男人问路，不要带路；向陌生男人问路，不要让他带路。
（3）不要穿过分暴露的衣裳，防止产生性诱惑。
（4）不要搭乘陌生人的车辆，防止落入坏人圈套。
（5）遇到不怀好意的男人挑逗，要及时责斥；碰上坏人要高声呼救、反抗或周旋拖延，等待救援。

（二）女生在集体宿舍的注意事项

（1）经常检查宿舍门窗，如发现损坏，及时报修。
（2）就寝前，要注意关好门窗，天热也不例外，防止犯罪分子趁女生熟睡时作案。
（3）夜间上厕所时，如走廊、厕所公共照明灯具已坏，应带上手电筒；返回时，应记住关好门。

(4) 夜间如有男性敲门问讯，应保持高度警惕。

(5) 放寒暑假不回家的女生，应三人以上集中居住。

(三) 女生预防社交性强奸的注意事项

(1) 不要轻易相信新结识的异性朋友。

(2) 控制好感情，不要在交往中表现轻浮。

(3) 控制约会的环境。

(4) 不要过量饮酒。

(5) 不要接受对方比较贵重的馈赠。

(6) 对对方过分的举动要明确表明自己的反对态度。

(四) 摆脱异性纠缠的方法

(1) 态度明朗，让对方打消念头，切不可态度暧昧、模棱两可。

(2) 遵守恋爱道德，讲究礼仪。拒绝时要尊重对方人格，不可嘲笑挖苦，更不能揭露对方隐私，以免激化矛盾、激怒对方。

(3) 要正常相处，但要节制往来。

(4) 遇到困难. 要依靠组织。如自己向对方做了工作之后，效果不大，仍制止不了对方的纠缠，或发现对方可能报复自己，要及时向老师报告，依靠周围人的力量妥善处理，防止发生意外事件。

(五) 遇到性侵害时的应对措施

(1) 保持镇静，临危不惧。镇静既可使自己临阵而不乱，又可对罪犯起到震慑作用。

(2) 要坚强，要有信心，与犯罪分子软磨硬泡，拖延时间，顽强抵抗。

(3) 选择适当机会和方式逃离。

(4) 创造机会，乘其不备，利用日常用具如发卡、鞋跟等攻击案犯的要害部位，使其丧失攻击能力。

(5) 记住犯罪分子特征，及时报案。万一受害，要记住罪犯特点，尽量在其身上留下反抗的痕迹，及时报案，协助公安机关破案。

第三节　财产安全

【案例警示】

2019 年 3 月，烟台高新区某高校多个教室接连发生手机、现金被盗案件，学校师生反映强烈。为了迅速侦破此案，烟台高新区公安立即组织刑侦大队和派出所民警赶往现场，开展现场勘查和线索摸排工作。通过对案发现场和周边地区进行侦查，民警发现一名中年女子具有重大作案嫌疑。经分析研判，办案民警掌握了其活动轨迹，并进行了重点布控。3月28日，警方将准备再度实施盗窃的嫌疑人迟某某抓获。犯罪嫌疑人迟某某2月份刚刑满释放，但她不思悔改，流窜于诸多高校，利用课间进入教室实施盗窃。迟某某已被依法刑事拘留。

一、防盗窃

盗窃，是指一种以非法占有为目的，秘密窃取国家、集体或他人财物的行为。它是一种最常见的，并为人民群众最为深恶痛绝的违法犯罪行为之一。目前，在高校发生的各类案件中，盗窃案高居榜首，约占90%以上，并且呈上升趋势。

（一）防盗的基本方法

防盗的基本方法有人防、物防和技防三种。其中"人防"是预防和制止盗窃犯罪最可靠有效的方法。因此，对大学生而言，最重要的是加强防范意识，努力保护好自己和同学的财物不受侵害。具体来说，在校学生要做到以下几点：

1. 养成随时关窗锁门的良好习惯

离开教室或宿舍，要随手关好窗户锁好门。千万不要怕麻烦，即使是短暂离开宿舍或教室，也要随手关好门窗，以防犯罪分子乘隙而入。

2. 不要轻易在宿舍留宿他人

同学、老乡和朋友来访本来很正常，但有些学生对来访的人并不十分了解，碍于面子便轻易同意其留宿。一旦违反学校学生宿舍管理规定，随便留宿不知底细的人，等于引狼入室。如果来客一时无法离校，学校和周边都有招待所可以接待。

3. 对形迹可疑的人应提高警惕

高校既是学生学习的场所，也是学生社交的舞台。校内校外人员来往频繁，学生教室不固定，学生宿舍进出自由，这就给盗窃分子以可乘之机。在这样的情况之下，提高警惕对于防盗意义尤其重大。当看到有可疑人员在教室或宿舍窥探张望、来回走动时，应主动上前询问，由于做贼心虚，盗窃分子往往会露出马脚，面对这种情况要加强戒备，进一步盘问或交给值班人员处理。如果发现其带有作案工具或赃贼赃，更应立即汇报，同时要稳住对方，防止作案者逃跑。

4. 不要把物品乱丢乱放

在日常生活中，有些大学生经常丢三落四。每到一个地方，把自己随身携带的物品

（如钥匙、手机、书包等）随便一丢，就开始做其他事情，甚至离开时忘记了来时所带之物，这就给盗窃分子提供了伺机作案的机会。

（二）发生盗窃案件的应对办法

1. 发生盗窃，冷静对待

一旦失窃，不要惊慌失措，要立即报告学校保卫部门或当地派出所，同时封锁和保护现场，不准任何人进入。切不可急急忙忙地去查看自己丢失了哪些物品，否则破坏了现场有关的痕迹物证，将不利于调查取证。

2. 发现可疑，及时控制

如果发现可疑人员，一定要沉着冷静地上前询问，并设法将其稳住，必要时组织学生围堵，及时报警，尤其要防范盗贼行凶伤人。在无法当场抓获盗贼的情况下，应记住其特征，包括年龄、性别、身高、胖瘦、相貌、衣着、口音、动作习惯、佩戴首饰等，以便向公安保卫部门提供破案线索。

3. 及时报失，配合调查

如果发现财物被盗，一定要及时到保卫科报失，必要时直接报警。一定不要认为校园内失窃是正常事，更不能对保卫部门的侦查能力持怀疑态度。事实证明，及时报案与案件侦破的准确性和及时性是有很大关系的。报案后，知情人要实事求是地回答公安部门和保卫人员提出的问题，积极主动地提供线索，不得隐瞒情况不报。事不关己、高高挂起或者怕打击报复而不愿提供情况的做法会给侦查破案工作带来许多困难，贻误破案的最好时机，使犯罪分子逍遥法外。

二、防诈骗

（一）高校诈骗案件的预防措施

1. 保持健康心态，树立防骗意识

社会环境千变万化，大学生在日常生活中要多学习法律法规，掌握一些预防受骗的基本常识和技能，善于辨别真假，更要洁身自好，严格要求自己，并做到以下两点：

（1）不贪私利，不图虚荣。作为大学生，要树立正确的人生观和价值观，时刻加强自身思想、道德和情操的陶冶，自觉拒绝金钱、名利的诱惑，不贪私利，不图虚荣，增强抵御诱惑的能力。

（2）知心知彼，心明眼亮。大学生在与陌生人交往时，要认真审查对方的来历，保持清醒的头脑，理智处事，察其言，观其行，三思而后行。例如，在择业活动中，对意向性单位的基本状况、工作性质要多了解，不能因为工作难找就对已找到的工作岗位轻率相信，必要时可进行实地考察。

2. 克服主观感觉，避免以貌取人

作为大学生，在各种交往活动中必须牢牢把握交往的原则和尺度，克服一些主观上的失误，避免以貌取人。不能单凭对方的言谈举止、仪表风度、衣着打扮等第一印象下判断，轻信他人；不能只认头衔、身份和名气，而不认品德和才学，不辨真假，应更多地思考和分析，不被表面现象所蒙蔽。

3. 谨慎结交朋友，避免感情用事

大学生思想单纯、热情而又渴望广结朋友，如果只凭感情用事，往往给骗子以可乘之机。因此，与人交往时应保持应有的理智，以防被骗，应注意做到以下几点：

（1）重视同学友谊和师生情谊。当代大学校园内的人际交往呈多样化特点，但班集体仍是最基本的组织形式。在这个特定的环境里形成的师生关系和同学关系是最基本的人际关系，同学之间的友谊和正常的师生情谊异常可贵。正确处理这两种基本关系是大学生顺利完成学习任务的基本保证。

（2）不要用感情代替理智。有些大学生在交往中受骗上当，往往吃亏于感情用事，遇到事情缺乏清醒的头脑，脑袋一热，就丧失了必要的警惕。因此，在任何情形任何场合下，都要保持清醒的头脑，才能对外界做出正确的反应。在这方面，要学会区别对待几种不同类型的人。

一是对于熟人或朋友介绍的人，要学会听其言、观其色、辨其行，态度应诚恳但不轻信，三思而后行，不能因为是熟人或朋友介绍来的就丧失警惕。

二是对于初结识的新朋友，要小心谨慎。俗话说，画虎画皮难画骨，知人知面不知心，在不完全了解对方的时候，不要轻易透露自己的基本情况，尤其是经济上的。

三是对于居无定所偶尔上门的熟人或朋友，接待更要谨慎，处置要小心。应避免单独相处，尽量在集体环境中接待，尤其是异性之间。尽量不为他们提供单独行动的时间和空间，以避免给犯罪分子创造作案条件。

（3）谨慎交往，洁身自好。交友基本的原则有两条：

一是择其善者而从之。真正的朋友应该建立在志同道合、高尚道德情操的基础之上，是真诚的感情交流而不是简单的利益关系，要学会了解、理解和谅解。

二是严格做到"四戒"。戒交低级下流之辈，戒交挥金如土之流，戒交吃喝嫖赌之徒，戒交游手好闲之人。

（4）防人之心不可无。古人曰，害人之心不可有，防人之心不可无，尤其是与陌生人

交往的时候，必须要有防范之心。大学生在交往中应注意观察，如果发现对方有疑点或感觉自己已经上当受骗，应该及时向老师或学校保卫部门报告，切勿自认倒霉。

4. 服从校园管理，自觉遵守校规校纪

为了加强校园管理，每一所学校都制定了一系列管理制度和规定。对校园安全来说，这些制度是必不可少的，是学校控制闲杂人员和犯罪分子混入校园作案、维护学生正当权益和校园秩序的重要措施。因此，大学生一定要认真执行有关规定，自觉遵守校规校纪，积极支持有关部门履行管理职能，为自己也为同学创造良好的生活和学习环境。

（二）大学生受骗后的处置方法

1. 据理力争，挽回损失

一旦发现受骗，就要勇于揭露对方的骗局，追回被骗的财物。必要的时候可以寻求老师、同学和学校工作人员的帮助，迫使诈骗分子知难而退，挽回自己的损失。

2. 平静心态，及时报案

如果诈骗分子已经得手而逃，应该尽快从被骗的噩梦中清醒过来，及时向有关部门报告，而不是自怨自艾，贻误破案时机。

3. 提供线索，配合调查

被骗之后报案的同时，要积极向学校保卫处和公安机关提供诈骗分子的相关线索，包括犯罪分子的体貌特征和遗留下来的电话信息、身份证件、文字资料等。这些都是保卫部门和公安机关抓获犯罪分子，挽回损失的重要线索。

第四节 消防安全

【案例警示】

某高校的一名同学旅游途中住在宾馆，当夜，住处突发大火，该生惊醒后发现变形的门锁已经无法打开，惊惶之中他在房间内不断地狂呼乱叫。救援人员赶到后破门而入，却奇怪地发现，事主烧伤并不严重，却因狂呼乱叫时吸入了过多烟雾窒息而死亡。就当时房屋中的烟雾看，专家分析，事主若能保持正常呼吸，也许还有生还的可能。如果略有一点自救常识，在这种情况下，用棉被泡水后将自己头部罩住，推开或打破离火源较远的窗子，将脸部贴近缺口，身体短时间内并不会被烧到，呼吸也不会受阻，这样便可为营救工作争取一些时间。

一、灭火与火场自救

（一）灭火

1. 灭火的基本方法

根据燃烧原理和灭火作战实践，可以归纳为以下 4 种基本的灭火方法。

（1）隔离法。燃烧必须有可燃物质作为先决条件，根据这个道理，使着火物与未着火物隔离，防止扩大燃烧范围。如：①迅速将着火部位周围未着火的物质搬迁转移到安全处，或将易着火物质转移到无可燃物的地方；②拆除毗连的可燃建（构）筑物；③关闭燃烧气体（液体）的阀门，断绝气体（液体）来源；④用沙土等堵截流淌的燃烧液体；⑤用不燃或难燃物体遮盖受火势威胁的可燃物质等。在实际灭火时使用隔离法有一定的难度，但它却是控制火势蔓延的一种好方法。

（2）窒息法。根据可燃物质起火时需要大量空气等氧化剂的特点，灭火时可采用捂盖的方式，阻止或隔断新鲜空气进入燃烧区，也可用氮气、二氧化碳等不燃气体稀释或降低燃烧区的氧气浓度，使燃烧因缺氧而窒息熄灭。如：①封闭着火的空间，如炒菜时油锅起火只需用锅盖盖住就能灭火；②使着火的空间充满惰性气体、水蒸气；③用湿棉被、湿麻袋等捂盖已着火的物质；④向着火物上喷射二氧化碳、氮气、干粉、泡沫、雾状水等。由此可见，窒息灭火法的实用性很强，简便易行，灭火迅速。

（3）冷却法。由于可燃物质起火必须具备相对的着火温度，灭火时只要将水、泡沫或二氧化碳等具有冷却降温和吸热作用的灭火剂直接喷洒到着火物体上，使其温度降低到燃烧所需的燃点温度之下，火就会熄灭。如：①用大量的直流水喷射着火物；②不间断地向着火物附近的未燃烧物喷水降温等。这种方法在扑救寝室火灾时最常用，也很有效。

（4）抑制法。抑制法是一种化学灭火方法，通过干扰抑制自由基，中断燃烧的链式反应。如：往着火物上直接喷射卤代烷（1211、1301 等）、干粉等灭火剂，覆盖火焰，中断燃烧。其优点是灭火效率高，但这些化学灭火剂缺乏冷却、覆盖和渗透作用，当起火物体表面的火焰被扑灭后，往往会因为其阴燃或余热又超过着火温度而发生复燃。此外，卤代烷灭火器的价格也比较高。

综上所述，这 4 种基本灭火方法各有所长。灭火时要遵循迅速有效、经济损失小的原则，以及起火物质的性质、部位和当时、当地的具体情况来加以选择。

2. 灭火器的使用

目前，我们常见的灭火器有三种：干粉灭火器、二氧化碳灭火器和卤代烷型灭火器，其中卤代烷灭火器由于对环境保护有影响，已不提倡使用。

(二）火场逃生与自救

1．火场逃生自救的原则

发生火灾时，火势的发展、烟雾的蔓延是有一定规律的，火场同时也是千变万化的，被浓烟烈火围困的人员或灭火人员，一定要抓住有利时机，就近利用一切可以利用的工具、物品，想方设法迅速撤离火灾危险区。在众多人员被大火围困的时候，一个人的正确行为，往往能带动更多人的跟随，可以避免一大批人员的伤亡。因此，大家只有了解和掌握了火场逃生的基本原则，即安全撤离、救助结合，才能在突遇火魔侵袭的时候从熊熊大火中顺利逃生。

（1）发生火灾先报警。一旦火灾发生，不能因为惊慌而忘记报警，要立即按警铃或打电话。请记住火警电话是119，报警越早越快越清楚，损失越小。

（2）保持冷静不惊慌。被大火围困时，千万不要惊慌，必须树立坚定的逃生信念和必胜的信心，决不能采取盲目跳楼等错误行为。要保持冷静的头脑和稳定的心态，设法寻找逃生机会逃出火场。

（3）择路逃生不盲从。逃生路线的选择要做到心中有数，不能盲目追从别人而慌乱逃窜，这样会延误顺利撤离的时间，还容易感染别人引起骚乱。逃生时要选择路程最短、障碍少而又能安全快速抵达建筑物室外地面的路线。

（4）逃离险情不恋财。时间就是生命，火灾袭来时，生命攸关，没有什么东西比生命更重要，应迅速撤离危险区，不要因贪恋财物而丧生。

（5）注意防护避烟毒。据资料表明，火灾死亡人数中80%是由于烟毒引起的。因此，逃生时要加强个人防护，防止和减少烟气的吸入。应用水将毛巾等浸湿，捂住口鼻，防止吸入有毒烟气。用水浸湿地毯等包裹好身体，就地滚出火焰区逃生。

（6）逃生避难看环境。所处的环境突发火灾逃生困难时，封闭的楼梯间、防烟楼梯及前室、阳台等是临时的避难场所。千万不可滞留走廊、普通楼梯间等烟火极易波及而又没有消防保护设施的地带。

（7）逃离火场防践踏。在逃生过程中，极容易出现聚堆、拥挤，甚至相互践踏的现象，造成通道堵塞和发生不必要的人员伤亡，故在逃生过程中应遵循依次逃离原则。

（8）利用条件找出路。要充分利用楼内各种消防设施，如防烟楼梯间、封闭的楼梯间、连通式阳台、避难层（间）等。这些都是为逃生和安全疏散创造条件、提供帮助的有效设施，火灾时应充分加以利用。

（9）穿过烟区弯腰跑。火场当中烟的蔓延方向是上升到建筑楼层的顶部后沿墙下降至地面，最后只在走廊中心剩下一个圆形空间。一般情况下浓烟若把整个空间充满是需要一定时间的，利用这个时间可以成功逃生。所以在逃生过程中要弯腰跑，千万不要站立行走。

（10）电梯逃生不可行。发生火灾后，千万不要乘坐电梯逃生。因为一般电梯不能防烟绝热，加之起火时最容易发生断电，人在电梯内是十分危险的。消防电梯则是供消防队员灭火救援使用的，一旦消防人员启用消防专用按钮，各楼层的按钮都将同时失效。

（11）逃生途中不乱叫。不要在逃生中乱跑乱窜，大喊大叫，这样会消耗大量体力，吸入更多的烟气，还会妨碍正常疏散而发生混乱，造成更大的伤亡。

（12）身上着火不乱跑。身上着火千万不能奔跑，因为你越跑补充的氧气越充分，身上的火就越大，也不可将灭火器对准人体喷射，这样可能导致身体感染或加重中毒。此时，可以就地打滚或用厚重的衣物压灭火焰。

（13）室内着火闭门窗。发生火灾时不能随便开启门窗，以防止新鲜空气大量涌入，火势迅速发展蔓延，甚至发生轰燃。

（14）不到紧急关头不跳楼。高楼着火不要轻易地跳楼，一般在二、三楼跳楼还有一点生还的希望，在四楼以上跳楼生还的机会就很小了。所以大楼发生大火时不要惊慌失措，盲目跳楼。

（15）披毯裹被冲出去。火势不大，要当机立断披上浸湿的衣服或裹上湿毛毯、湿被褥勇敢地冲出去。千万别披塑料雨衣等易燃可燃化工制品。

（16）顾全大局互救助。自救与互救相结合，当被困人员较多，特别是有老、弱、病、残、妇女、儿童在场时，要积极主动地帮助他们首先逃离危险区，有秩序地进行疏散。

2. 火灾报警

报告火警就是人们在发现起火时，向公安消防队或本单位领导、群众及附近的专职消防队、义务消防队发出火灾信息的一种行为。一般来说，发现火灾以后，首先应考虑到迅速准确地报警，"报警早、损失少"是人们长期同火灾作斗争中得出的一条宝贵经验。只有早报警，才能在较短的时间内调集较强的灭火力量到达火场，及时控制火势蔓延和扑灭火灾，并为遇险人员赢得安全疏散的时间，从而避免和减少重大火灾事故的发生。

3. 校园中典型场所火灾逃生的方法

大学生的活动场所很广泛，不同的场所发生火灾后需要采取的逃生方法各有不同，只有根据不同场所的特点选择相应的逃生方法，才有可能在生命受到威胁时逃脱火魔带来的劫难。

第一，寝室火灾逃生常识。

（1）充分重视，积极参与学校组织的逃生演练，增强敏感性，掌握紧急状态下的自救自护常识。

（2）熟知可能逃生的出口，如门、窗户、阳台。知道几条逃生路线，就可以在主要通道被堵时，走别的路线求生。

（3）危急关头，可以用椅子或其他坚硬的东西砸碎窗户玻璃。

（4）如果火源是由外到内的，要注意关门以抵御热浪和浓烟的侵入，如果必须从一个寝室到另一寝室，那么开门之前要先摸一下门，如果门已发热或者有烟从门缝进来，切不可开门，应准备第二条逃生路线。假如门不热，则慢慢打开少许迅速通过。

（5）假如求生通道有浓烟，要贴近地面，匍匐前进，沿墙壁通过浓烟区，用湿毛巾轻捂嘴巴，以免烟气中毒倒下。

（6）不要为穿衣服和取贵重物品而浪费时间，生命最重要。

（7）如生命受到威胁，又无逃生之路时，可以用绳索或将床单撕成条状连接起来，一端拴在固定物上，再顺着绳索或布条滑下。

（8）如万分情急必须跳楼逃生时，可先观察地形，再抛下一些衣物棉被等，以减少冲击力。

（9）如火不大，可浸湿棉被、毯子、衣服等披在身上从火中冲出去。

（10）如果是高楼，跳楼不可取，可在室内关闭门窗，如有条件，室内浇水以缓解火热蔓延，然后采取一切办法呼救。

（11）千万别进电梯逃生。

（12）平时学会使用各种灭火器材，火灾初起且火势较小时可积极灭火自救。

（13）火灾一起，要及时报警，说明火源详细地点。

（14）集体宿舍一定要有序撤离，否则挤踏致死将极其惊人。

（15）平时一定要严禁使用违规取热器材及明火，对自己和他人的生命负责，遵规守法。

第二，教室火灾逃生常识。

（1）教室一旦失火，在火势尚小时，可立即用教室里配备的灭火器扑救，或用衣物将火压灭。

（2）火势发展，应立即跑到室外。如教室里已充斥大量烟气，撤离时可用手绢、衣袖等捂住口鼻，并弯腰低姿快行，防止烟气吸入。

（3）一层教室失火，烟火封住教室门时，可从窗口跳出去；二、三层教室失火，烟火封住门时，可用窗帘、衣物等拧成长条，制成安全绳，一头拴在暖气管上或桌椅腿上，两手抓住安全绳，从窗户缓缓下滑。

（4）别的教室失火，当火势尚未控制楼道时，应立即离开教室，迅速进入安全通道向外疏散。

（5）烟火封住下撤楼道、大门时，可迅速撤往楼顶平台，等待救援。

（6）身上着火时不要惊慌奔跑，可就地打滚，压灭火焰，也可脱下着火衣裤，用脚踩灭。

4. 校园中火灾的预防

我国消防工作的方针是"预防为主，防消结合"。人人都应该遵守消防条例，用自己掌握的消防知识保护自己和他人及公私财物的安全。

（1）不准私拉乱接电线。

（2）不准卧床吸烟和乱扔烟头。

（3）不准占用、堵塞疏散通道。

（4）不准在楼内焚烧杂物。

（5）不准携带易燃易爆物品入寝室。

（6）不准使用"热得快"等电热设备。

（7）不准使用酒精炉等明火器具。

（8）不准擅自变动电源设备。

（9）不准离开寝室不关电源。

（10）不准损坏灭火器和消防设施。

第五节　网络安全

【案例警示】

2017年6月，就读于漳州一所高校的福建省永泰县女学生林某，通过QQ网络聊天认识了黑龙江的男子于某。多次聊天后，二人发展成男女朋友，还视频裸聊。2017年11月，两人相约在厦门一宾馆见面，并发生了关系。后林某父亲坚决反对他们的关系，要求两人分手，但两人仍偷偷交往。直至2019年7月，林某拗不过父亲，再次提出分手。此时，于某就以裸照相威胁要求林某用钱赎回，经过协商，林某答应以104万元买回照片。几天后，于某见款未到就登录林某的微信号将林某的裸照发给其父亲，后又将裸照转发到林某的朋友圈相威胁。受害人报警后，于某被警方抓获，并判决其敲诈勒索罪，判处有期徒刑6年8个月，罚金2万元。

进入21世纪，计算机与网络已全面普及。利用网络，大学生可以读书、查阅学习资料、看新闻、玩游戏、找朋友、购物、领养宠物，甚至"虚拟结婚"。利用网络可以获得大量的信息，拓宽知识面，有利于大学生的全面发展。但是，网络是一把"双刃剑"，在支持大学生生活与学习的同时，很容易产生不良诱惑，使不少大学生受到伤害。大学生要合理利用网络，做到以下几点：

（1）正确看待网恋。大学生要正确看待网恋，对网恋保持客观理性的态度，既不一概否定，也不刻意追求。要正确处理网上感情与现实感情的关系，走出网络的界限，用现实的标准结交朋友，真心付出情感，既不伤害别人，也要保护自己。要正确看待网恋的结果，如果对方与自己相隔很远，或者条件差异很大，无法最终走到一起，要保持理性的头脑，及时做出选择，避免自己受伤害。在网恋过程中谨防上当受骗。

（2）正确认识网瘾的危害。长时间上网的大学生会出现视力下降、生物钟紊乱、神经衰弱等生理现象，不能维持正常的睡眠周期；停止上网时出现失眠、头痛、注意力不集中、消化不良、恶心厌食、体重下降。在心理方面，会出现注意力不能集中和持久，记忆力减退,对其他活动缺乏兴趣,为人冷漠,缺乏时间感,情绪低落。

(3)打开心扉,不要沉迷网络。如果是因为朋友太少,要在同学和老师面前敞开心扉,打破自我封闭状态;如果是因为学习成绩下降,则要找同学和老师进行主动求助,多下功夫,要意识到沉迷网络是不能解决任何问题的;如果是因为性格孤僻,要学会自我控制,控制上网的时间和上网浏览的内容。

(4)培养健康、积极的个人爱好,养成高雅、有益的个人情趣,加强个人的思想道德修养。

(5)尊重事实,理性上网。网络社会是个纷繁复杂的世界,无所不包,无奇不有,大学生在网络上会遇到各种文化与道德问题,对此,要多观察、多思考、多分析,形成独立自主、健康向上的网络文明观。

(6)要多了解有关不当网络传播的事件与案例,思考不当网络传播会对自己的学习与生活产生哪些不良影响,并引以为戒,吸取教训,保持警惕,避免自己成为不当网络传播的牺牲品。

(7)自觉抵制有关迷信、色情、消极、无聊、暴力、恐怖、残暴、怪异等低俗或极端内容,做到不浏览、不保存、不参与、不传播、不沉迷。

(8)抵制和谴责窥探、传播他人隐私的不良和不法行为,同时也要注重保护好自己的个人隐私,不要轻易在网上发布个人信息,更不要把重要的个人信息提供给别人,特别是陌生人。

(9)注意保存好重要的个人资料与信息,特别是私人基本信息和各类密码信息,千万不要泄露。对重要的网络资料做好保存、保密、备份与安全维护工作,安装必要的防火墙软件,做好必要的安全设置。一旦这些资料不慎泄露,要尽力追查泄露源和泄露方式,迅速采取应对措施,防止泄露范围和泄露程度进一步扩大,造成更为严重的后果。

(10)不制造、不传播、不阅读垃圾邮件,积极举报网上垃圾邮件的侵权行为。

(11)不参与或者尽力制止传播、炒作,以及散布谣言、侮辱性或攻击性言论、虚假信息、小道消息;在网上发表言论要客观、公正、谨慎,用词要得当,方式要温和,防止不当言行对当事人造成伤害和损失。

(12)抵制恶意的网络投票、调查。

(13)不参与所谓"人肉搜索",不要把自己身边或所了解的现实中的人的信息在网上随便发布和宣扬,防止为不法分子或别有用心的人所利用。

第六章　享受大学生活——做一个生活丰富多彩却不糊涂的人

大学生活是青年学子们不断充实自我、认识自我的阶段。大学生会碰到生活中各种各样的烦恼、诱惑和坎坷。创造理性与激情相融合的生活方式，谱写大学时代的和谐乐章，能使自己涉过生活的险滩，到达人生成功的驿站，最终驶向成功的彼岸。

第一节　树立正确的消费观

大学生作为一个特殊的社会群体，其消费行为、消费特点和消费方式左右和引领着整个社会青年消费的趋向。因此，大学生的不当消费问题及其造成的负面影响是不可低估的，它既加重了家长的经济负担，也不利于大学生人生观、价值观、世界观的形成，而且对家庭伦理道德、学校教育管理及社会秩序造成了众多的消极影响。作为刚刚进校的大学新生，应该树立正确的消费观念，量入为出，理性消费。

一、树立正确的消费观

1. 适度性消费

作为纯消费群体的大学生来说，在消费方面更应该确立合理的消费期望，实事求是地根据自己生活、学习、文化娱乐的实际情况来明确消费标准，关键是把握一个"度"，量力而行，有多少钱办多少事，不脱离自己的经济实际。

2. 计划性消费

大学生应根据自己的经济实际，分解消费期望。一方面把消费期望分解为短期、中期、长期三种目标，另一方面将消费额度分解为日常生活费用、学习用品费用、文化娱乐费用等几个方面，大概确定一个限度。比如，在生活上以保证健康为前提，尽量节俭；在文化娱乐上能补充和丰富学习生活，起到缓解学习压力的作用即可，不要过多地去参加娱乐活动。

3. 主导性消费

学习消费应该是大学生消费的主导，生活消费是保障，文化消费是有益补充。如果生活消费过大，就会形成奢侈消费；如果文化娱乐消费过大，就会形成玩物丧志。当代大学生应该发扬勤俭节约、艰苦朴素、吃苦耐劳的优良传统，树立正确的消费观念，进而树立正确的人生观和价值观，养成良好的生活习惯。

4. 自立性消费

有人曾把大学生比喻为"躺在汇款单上的娇子"，这是有道理的。因为大学生在经济上不能自立，存在着很大的依赖性。现在时代的发展，发个微信红包就可以解决了，管家长要钱似乎更加方便快捷。大学生参加兼职是自立的有效方法，依靠自身的力量解决问题，对于大学生的成长具有重要的意义。兼职活动是在校大学生用课余时间或假期在校外参加的各种有偿实践活动，既是帮助大学生完成学业的需要，也是帮助他们完善知识结构、提高综合素质的需要。

二、树立正确的金钱观

只有正确地对待金钱，在人生的道路上才不会迷失方向。追求金钱是在物质文明不发达的条件下，人们从事经济活动的主要动力和直接目的。金钱是满足人们需要的基本手段和衡量一个人对社会贡献大小的一种价值尺度。在市场经济条件下，人们对金钱的追求方式和手段多种多样，但这种追求是有边界和规范的，即必须合法。"君子爱财，取之有道"这个"道"当然不是歪门邪道，而是合理合法。金钱不是万能的，金钱虽然可以创造幸福，但也会带来烦恼。人不能只为金钱而活着，应该合理合法地赚钱，科学地支配金钱，真正成为金钱的主宰，而不是金钱的奴隶。

三、培养良好的消费方式

大学生树立健康文明的消费方式，应当从三个方面去努力。一是要根据客观实际，充分发挥每一元钱的最大效益，做到精打细算，量入为出，通盘考虑，合理计划，不讲排场，不摆阔气，以保证生活的正常需要为前提。二是要协调好物质消费和精神消费之间的关系。大学生正处于吸收科学文化知识的时期，最重要的任务就是学习，精神文化消费应占重要比重，如购买学习资料，但也要保证生活的需要和扩大知识面的开支。当自己尚有经济余力时，再考虑其他的物质消费和文化娱乐的开支。三是要以自己的劳动提高自身的经济能力。

第二节　正确对待贫困

都市的繁华与自身的困窘、内心的渴望与条件的局限、校园的热闹与心头的寂寞等强大的反差出现在五彩斑斓的大学校园里，贫困的帽子可能会重重地压在一颗颗孤寂的心灵上。贫困生作为一个特殊的群体艰难地行走着。

沉重的经济负担给贫困生带来了巨大的精神压力。因为贫困，他们千方百计地寻求打工机会，经常处于一种既想打工又怕耽误学习的矛盾冲突之中，长期无法解除的心理冲突使他们抑郁；因为贫困，他们不愿意与人交流，害怕会因暴露自己的短浅而遭到耻笑，别人的一颦一笑、一字一句都使他们敏感。许多家庭条件优越的大学生由于缺乏贫困生活的体验，对贫困大学生的贫困状况缺乏同情和理解，有的甚至歧视、嘲笑贫困大学生的"寒酸"，这让部分贫困大学生承受着巨大的心理压力。另外，一些社会工作人员的"以貌取人""以钱待人"的工作态度，都使得贫困大学生产生了自卑心理。

贫困大学生作为一个特殊群体，其经济贫困问题已经引起了社会的广泛关注，政府和高校采取了一系列政策和措施，以确保贫困大学生安心学习。贫困生要积极面对现实，要以正常的心态与同学、朋友交往。贫困不是错，只是命运老人在自己的成长过程中，比其他人多置的一道障碍，回避、退缩不能解决问题，必须义无反顾地去克服它、战胜它。都说"穷人家的孩子早当家"，贫困会让我们学到更多做人、做事的道理，比如更加珍惜来之不易的幸福生活，可以激发自己的原始动力和享受为一个目标而全力付出的过程，更加学会感恩，懂得幸福。

同时，贫困生不要有自卑心理，要积极争取和努力寻找兼职岗位。同时学校为贫困生顺利完成学业出台了多项助学政策，不会让任何一名同学因贫困而辍学。劳动不分贵贱，只要是有助于改善自身经济条件、不影响学业且合法的劳动岗位，都要努力去争取并做好。要向2005年"感动中国"的新闻人物、湖南怀化学院在校大学生洪战辉学习，正视贫困、把握机遇、创造自我，"天生我材必有用""直挂云帆济沧海"，明天一定会更好！

第三节　积极参加学生社团

学生社团是经过学校批准，由本校学生在自愿的基础上组织的群众性团体。随着大学生要求全面发展，提高自身素质的愿望逐步强化，各校的社团活动逐渐为更多的大学生所接受。社团活动十分活跃，越来越多的大学生参加了各种不同类型的社团活动，成为他们课余学习、活动的重要组成部分。

学生社团是由有共同志趣、爱好的学生自愿组成的并经学校批准认可的学生群体组织。

学生社团的组织和活动，实际上是一种校园文化群体的组织与活动。它是校园文化中不可忽视的一个方面。各种类型的学生社团，有力地推动着校园文化的发展。

学生社团的群体活动一般按照社团中大多数成员的爱好、兴趣和需要加以选择，因而学生参加社团活动主要是由于学生社团有很强的吸引力，但并不是所有的活动都适合每一个人，要让尚武者有用武之地，喜文者有展才之席，慕艺者有习艺之所，善交者有交友之机，才是学生社团活动的目的。这种丰富多彩的学校社团活动，使校园文化具有一种特殊的品格，为大多数学生所喜欢，并积极地参与活动，在其中接受教育和陶冶。

学生社团虽然规模大小不一，活动内容和形式各异，但它们的作用却是共同的。

（一）社团活动为大学生走进社会、接触社会提供了多种选择

社团活动使越来越多不满足于课堂教学的大学生将较多的注意力转向课外，把课外领域的社会实践当作能力提升的途径。大学生一方面把所学到的知识用于实践，使理论与实践相结合；另一方面，又从社会中汲取营养，了解社会的需要，从而调整自己的知识结构。毫无疑问，社团为大学生适应社会提供了有利条件。

（二）社团活动可以促进第一课堂的学习

跨专业、跨科学、多层次、多内容的社团活动打破了封闭的教学体系，加快了信息的传递，加速了不同学科之间的交叉、相互渗透，开阔了大学生的视野，培养了大学生获取、分析、利用信息的能力。

（三）社团活动可以锻炼和培养大学生的组织管理能力和社交能力

在社团活动中大学生严格自我管理，维护社团内部的团结，决定组织发展方向，平衡组织与外部的关系等，这使大学生的组织管理能力得到很好的提高。社团成员打破了年级、班级、专业、年龄的界限，扩大了大学生的社交范围，提高了大学生的社交能力。

（四）社团活动是提高大学生综合素质的良好形式

社团作为大学生自我教育、自我管理、自我服务的一种好形式，对大学生各种素质和能力的提高具有愈来愈重要的作用，愈来愈受到广大学生欢迎。

当然，参加社团决不能随意，大学生应该结合自己所学专业和自己的爱好选择所参加的社团。同时，选择社团时要合理安排时间，充分利用时间，处理好"博"与"专"的关系。另外，选择社团时要注意重点，为培养各方面的能力创造条件。最后要注意的一点是，参加社团要持之以恒，不可半途而废。

第四节　当好一名学生干部

大学生都是经过千军万马过独木桥"拼"出来的"英雄"。在这人才济济的大学里，要想成为一名合格的学生干部不是件容易的事，如何才能成为一名同学喜欢、老师认可的学生干部呢？

一、学生干部的素质要求

1. 政治素质

学生干部比普通学生应该有更高的政治觉悟，思想上必须坚定地拥护中国共产党，热爱祖国，自觉贯彻党中央的各项路线、方针和政策，敢于和各种错误思潮和不良现象作斗争。

2. 思想素质

人总是要有点精神的，包括奉献精神、创新精神等。学生干部所做的都是服务性的、义务性的工作，当工作和学习冲突、工作和生活冲突时常常要牺牲个人的利益，要做到这一点，没有奉献精神是不可能的。此外，由于形势不断地变化，社会在不断地发展，各种情况层出不穷，这就对学生干部提出新的挑战。因此，学生干部需要具备一定的创新精神。

3. 智能素质

学生干部的智能素质包括智力素质和能力素质两方面。智力素质是学生干部的知识素质。一名合格的有威信的学生干部，不仅工作要出色，而且学习也要优良。因此，作为学生干部，不仅要努力学好专业知识，争取优良成绩，还要广泛涉猎关于管理、心理、交际等其他方面的知识，锻炼和提高自己的能力。

4. 心理素质

在现实生活中，学生干部既有春风得意、踌躇满志的时候，也经常有工作不被同学理解、支持而受到嘲讽、打击的时候，这就要求学生干部必须具备稳定的心理素质，才能临危不惧、坦然处之。

此外，做一名好的学生干部还应该具备良好的身体素质。学生干部是做服务性工作的，做事、开展活动经常要身先士卒，如果身体素质不行，三天两头打针吃药，那是很难胜任学生干部的工作的。

二、学生干部应具备的能力

1. 组织能力

学生干部作为学生的骨干和带头人,是各种学生活动的策划者、组织者和实施者,需要把广大同学吸引、组织起来,这就要求学生干部能号召群众、发动群众、组织群众,必须具备一定的组织能力。

2. 表达能力

它包括书面表达能力和口头表达能力。作为学生干部,经常制订计划、撰写总结及各种材料,没有较好的文字表达能力是很难胜任的。此外,还要经常主持会议、发表讲话、传达文件,要经常与同学进行思想交流,没有良好的口头表达能力也是难以胜任的。

3. 收集处理信息的能力

作为学生干部,应及时了解、掌握并反馈各种信息,及时做到上情下达,下情上达,通过收集信息、分析信息、发现问题,进而找到解决问题的办法。因此,学生干部应多读书看新闻,深入同学当中,广泛听取同学意见。

4. 社交能力

学生干部不仅要经常和本班、本院系同学联系,而且还得与其他班、其他院系乃至其他学校或社会上的单位等进行交往,如组织班际、校际活动,社会实践活动等。因此,必须具备一定的交际能力,才能有利于工作的开展。

5. 团结协作能力

学生活动、学生工作不是一两个人就能完成的,而是靠大家共同参与,依靠大家的力量才行。因此,学生干部应有团结协作的力量,能团结人、吸引人。

三、要处理好学习与工作的关系

1. 要注意统筹兼顾

学生干部既要搞好学习,又要做好多的事务性工作,因此,时间是极紧张的,尤其是活动较集中的时候,更是忙前忙后、不亦乐乎。在这种情况下,就得学会统筹兼顾,巧妙安排,在制订计划、组织活动前就应该有一个全盘的规划,使自己有较大的自主权,做到工作的时候努力工作，学习的时候认真刻苦学习。统筹兼顾不仅指在安排工作和学习的关系上，还体现在学生干部的合理使用上。不管是班级、院系级还是校级学生干部，都归属于一个学校，因此，都是一个有机统一的整体，作为一名学生干部，在开展组织活动时要善于吸引、组织大家一起来分组工作，这样既有利于发挥集体的力量，又可以减轻个人的压力，一举两得。

2. 提高效率

效率越高的人，时间安排上越主动，宽松的余地就越大。因此，一个学生干部要想在工作和学习的关系中游刃有余，做到两不误双丰收，最关键的就是提高效率。当学生干部，有时因工作需要，不仅占用休息时间，甚至占用学习时间，与一般同学比，用于学习的时间相对要少，如果不讲究效率，学习成绩就容易受到影响。有不少学生干部总喜欢把事情往后拖，认为反正后面有的是时间，结果只能使事情越拖越多，积重难返，疲于应付，从而影响了学习和工作。

3. 要珍惜时间

陈毅同志曾写过这样两句诗："应知学习难，在于点滴勤。"就是说学习必须抓紧点滴时间。学生干部与普通学生不一样，当普通学生在阅览室里查资料时，学生干部也许正在为组织活动而奔波，当普通学生在教室里看书写作业时，学生干部可能正参加学生干部会议……总之，因为担任了学生干部工作，用于学习的时间相对就少了。因此，学生干部就必须要稳得住、静得下，做到既不浪费时间，又善于"挤"时间，争分夺秒。尽可能挤时间来进行学习，因为"时间就像海绵里的水，只要你愿意挤，总还是有的"。

四、正确看待学生干部的得与失

从表面上看，担任社会工作要耽误时间，耗费精力，而且工作中的矛盾会分散学习的注意力。但从提升素质、锻炼能力的角度来看，当学生干部，却是一种难得的锻炼机会，有利于自身的成长。表现在：

（1）担任学生干部，有更多和老师、同学接触的机会，有更多的进行实际锻炼和接受各种信息的条件。这种锻炼和接触，虽然在平时显得微不足道，但长期的积累对人的全面发展却很有益处。现代社会是一个竞争的社会，毕业走上社会后，学生干部因为有过一定的社会工作锻炼，总体上看会比普通学生思想更活跃、视野更开阔、适应性更强，因此也往往容易得到用人单位的青睐。

（2）担任学生干部，有利于提高自身的综合素质。当今社会，到处充满着竞争，那种"两耳不闻窗外事，一心只读圣贤书"的书呆子很难适应现代社会的竞争需要。要想在竞争中取胜，就必须要有较高的综合素质和较强的能力。担任学生干部，往往比普通学生有更多的锻炼机会，有利于促进各种能力和素质的提高。通过设计活动，可以锻炼决策能力，通过组织同学开展活动，可以锻炼组织协调能力；通过召开会议、布置工作，可以锻炼口头表达能力；通过写计划、总结、报告等，可以锻炼写作能力；通过与老师、同学交往等可以锻炼社会交往能力和协调能力等。这种优势和机会，是普通学生所没有的。因此，一个担任学生干部的同学，其各方面的能力和素质相对来说要比普通学生高，因此，也更容易得到社会的认可。

（3）担任学生干部，可以增强工作的责任心和社会责任感。责任心是做好工作的必要前提。古人说"在其位谋其政"，学生干部感到自身的责任，促使他不断从各方面完善自己，努力为老师、同学服务，争做同学的表率，以不辜负大家的期望。这对个人的成长无疑是非常有利的。

总之，大学生要成才，除了课堂上的专业学习，还要加强多方面的学习。参加一些必要的力所能及的社会工作也是一种学习，是课堂教学的有益补充，是提高知识质量的措施之一。因此，每个学生干部应该正确看待其得与失。不要放弃参加社会工作的机会，而应主动争取做些社会工作，努力完善自己，使自己能成为一专多能的复合型人才。

第五节　积极追求进步

党的十八大以来，以习近平同志为核心的党中央高度重视青少年和共青团工作，亲切关怀青少年健康成长。习近平同志围绕青少年和共青团工作发表的一系列重要论述，立意高远，内涵丰富，思想深刻，深刻论述了新形势下青少年和共青团工作的重大理论和实践问题，指明了当代青年的历史使命和成长道路，对于准确把握青少年和共青团工作的基本要求和重点任务，引导青少年树立远大理想、树立和践行社会主义核心价值观，教育团员增强"四个意识"、增强先进性和光荣感，动员广大青少年为实现"两个一百年"奋斗目标、实现中华民族伟大复兴的中国梦而勤奋学习、努力工作，具有十分重要的指导意义。

习近平总书记指出："实现中华民族伟大复兴的中国梦，需要一代又一代有志青年接续奋斗。广大青年要以国家富强、人民幸福为己任，胸怀理想、志存高远，积极投身中国特色社会主义伟大实践，并为之终生奋斗。"这段重要论述，指明了青年所肩负的历史重任，并对当代中国青年寄予了殷切期望。他还指出："青年的价值取向决定了未来整个社会的价值取向，而青年又处在价值观形成和确立的时期，抓好这一时期的价值观养成十分重要。这就像穿衣服扣扣子一样，如果第一粒扣子扣错了，剩余的扣子都会扣错。"习近平总书记告诫我们，人生的扣子从一开始就要扣好。

当代青少年主流是积极向上的、有较强的社会责任感，但不可否认，由于受到西方不良文化的影响及冲击，有的青少年价值观扭曲，社会责任感缺失与淡化。随着国家之间的文化交流日益频繁，国外影片、电视剧、综艺节目引入也越来越多，外来文化对青少年的冲击也越来越大，很多富有民族特色的节日、服饰、习俗正在弱化，取而代之的是不良西方文化的介入和传播，出现了对本民族文化缺乏应有认同和自豪的现象，有的青少年"三观"扭曲，爱国主义、集体主义观念缺失，个人利益至上，当集体利益与个人利益发生冲突时，以个人利益为重，缺乏为社会和集体牺牲的精神。因此，加强教育、积极引导青少年，使之增强民族文化的认同感、增强文化自信具有重要意义。

历史和现实都告诉我们，青年一代有理想、有担当，国家就有前途，民族就有希望，实现我们的发展目标就有源源不断的强大力量。理想和担当的基础是文化自信，并由此树立起正确的世界观、人生观、价值观。首先，要加强理想信念教育，用正确的理论引导学生。要用中国特色社会主义理论教育青少年，引导他们树立远大理想，提高分析问题、辨别是非的能力，自觉抵制西方不良文化的侵袭。要通过时事政治教育，引导青少年了解国际形势，关心国家大事，认清在全球化背景下我国所面临的机遇和挑战。要加强爱国主义教育，激发青少年积极向上、报效祖国的热情，自觉抵制西方不良文化的影响。要引导青少年肩负历史使命，不负时代重托，树立"天下兴亡，匹夫有责"的责任意识，把实现自己的人生理想同祖国的需要结合起来，充分发挥自己的聪明才智，建设祖国，报效祖国。其次，要加强文化建设，用优秀的文化熏陶学生发挥社会教育的功能。要充分利用各种媒体、教育机构、青少年活动场所等，努力弘扬以爱国主义为主体的传统文化，创新适应社会发展需要的现代文化，扬弃外来文化，是文化建设的主要内容。文化具有教育、引导、启迪、传播、交流、鼓励等许多功能，这些功能在青少年社会责任感培养过程中是极其重要的。加强文化建设，用优秀的文化占领我国的文化阵地，引导青少年自觉抵制西方不良文化的影响。要针对当前青少年重自我价值轻社会价值的倾向，引导青少年正确处理好社会价值与自我价值的关系，自觉承担起社会责任。要引导青少年正确处理好个人与集体的关系，正确认识个人主义与个人利益的区别。增强青少年的主人翁意识。要加强社会实践活动，用切身的经历磨砺学生，社会各界都有责任教育引导青少年更多地参加社会实践活动，让青少年直接接触社会、了解社会和认识社会，激发青少年关心社会、回报社会、奉献社会的热情，并让青少年在社会实践中得到磨砺。最后，要引导青少年正确把握社会现象、社会发展的本质和主流。让青少年认识到社会上暂时存在的一些问题所产生的条件、原因，引导青少年站在时代的高度和用社会发展的眼光来认识这些问题与现象。要在社会实践活动中突出针对性和实效性，能触及青少年内心深处，引起他们的共鸣，确实起到教育引导作用，培养青少年社会责任感要从具体工作做起、从小事做起，使其在成长过程中感悟如何提升，让青少年在心理上和行动上首先学会对自己负责、对他人负责，进而自觉担负起社会责任。

作为当代大学生要积极加入党组织，积极争做一名思想上积极追求进步的优秀青年。

第七章 做好生涯规划——做个有志向的人

第一节 知己知彼——职业与自我认知

一、职业认知分析

职业是在人类长期生产活动中,随着生产力发展和社会劳动分工的出现,逐步产生和发展起来的。一个国家的经济结构、产业结构、科技结构和生产力总体水平决定了社会职业的构成,而职业构成的变化也客观地反映着经济、产业、科技以及生产力水平的状况。当代大学生要步入社会,要创造价值,不可避免地要成为一个职业人,所以在大学期间,必须对职业有相应的认知。

(一)职业的含义及分类

职业是参与社会分工,利用专门的知识和技能为社会创造物质财富和精神财富,获得合理报酬,将其作为物质生活来源并满足精神需求的活动。职业是一种社会劳动岗位,是人们从事相对稳定的、有收入的、专门类别的社会劳动,是一个人社会地位的一般性表现,也是一个人的权利、义务和职责。

可见职业概念有三种含义:

一是与个人生活相关,强调物质生活来源;

二是与职业结构相关,强调社会分工;

三是与职业的内在属性相关,强调知识、技能、技巧。

中国社会科学院陈婴婴博士认为职业是由以下要素构成:

一是作为职业符号特征的职业名称;

二是工作的对象和内容;

三是承担这些工作所需要的资格和能力;

四是通过这些工作取得的各种报酬;

五是在工作中建立的与其他社会部门或社会成员的联系。

我国于2000年颁布了《中华人民共和国职业分类大典》,将职业分为8个大类、66个中类、413个小类、1838个细类（职业）。从行业上划分，可分为一、二、三产业。第一产业指农业、林业、渔业、畜牧业、矿产业等国民经济的基础行业；第二产业指工业、交通业、建筑业等国民经济的主导行业；第三产业指商业、服务业、旅游业、信息业等行业。随着时代的发展，职业也经历着不断地变迁，有的职业陆续淡出人们的事业，有的职业获得新生。我国后续修改颁布的职业分类大典对职业又进行了不断地添加。如人力资源社会保障部发布的包括"区块链工程技术人员""互联网营销师"等在内的9个新职业。这是我国自《中华人民共和国职业分类大典（2015年版）》颁布以来发布的第三批新职业。

职业的产生与发展是人类文明的标志，但职业并不是人类社会一经形成就出现的，而是社会分工的结果。职业是随社会需求而产生，随社会变迁而变化的。在社会需求的推动下，种种新职业应运而生，如心理咨询师、职业玩家、电子商务师、网络管理员……，都是IT时代涌现的新鲜职业。同时，一些旧的职业也会逐渐消亡，比如老一辈人所熟悉的卖货郎、抄写员等职业几乎销声匿迹。这就提醒我们，选择职业时不仅要考虑个人的意愿，更要紧跟时代发展的步伐，充分考虑社会需求的变化趋势。

（二）当前受欢迎的行业和人才

飞速变化的经济环境推动和加速着职场变革，哪个行业需求量大、哪个行业饱和都是在不断的变化当中。根据某专业人才网站的调查统计显示，当前市场需求行业排名前六位的依次是IT、销售、生产运营、市场公关、行政人事、物流贸易，但这也只是一段时期内的排名，随着产业结构调整和国家政策的变化，行业需求也将发生变化。

我们认为以下7种人才将成为21世纪最受欢迎、最有价值的人才。

1. 创新实践者

21世纪真正有价值的人是能够创新的人。他不是一个只会使用别人的方法做事情的人，他不是那种只会听话做事情的一颗棋子、一个齿轮。在如今的竞争之下，一个公司唯一可以延续的竞争优势就是它的创新。任何东西都可以很容易地被模仿，只有创新很难被模仿。因为，创新一旦被模仿，唯一的办法就是继续创新。所以一批有生命力的能够持续创新的员工是唯一能够带给企业持续竞争力的财富。

21世纪的创新必须适时，必须去实践。因为有互联网的存在，每个公司的步伐都非常快。如果花很多的时候去做一些验证、一些用户调查，再花一两年的时间做测试，一个产品四五年做出来以后很可能已经过时了。所以光做一个创新者是不够的，还要做一个创新实践者。只是为了创新而创新是没有意义的，要做有用的创新才是有意义的。

2. 跨领域合成者

相信在中国的未来，在全世界的未来，我们更需要的人才不只是那些把一个学科学得非常非常深的人，而是那些把自己学科学好，同时能够与其他领域结合的人才。原因非常简单：如果世界上有1000种知识，这个知识本身你可以学得很深，但是两个人的知识通过交叉碰撞又可以产生新的知识，三个人的碰撞就能产生更多组合。

所以，对各位同学的建议是：读好专业是有必要的，但是同时要考虑是否还有别的什么专业是你有兴趣的，这两个专业最新的思想能不能结合起来，做一些既有创意又可以实践的东西。

3. 高情商合作者

人与人最重要的差别不在于IQ（智商），而是比IQ要更重要9倍的EQ，即情商。情商包括怎样与人合作，包括对自己的一种自觉，包括对自己的一种管理，也包括和别人团结合作以及社交的一些能力。

在信息社会里，与过去工业社会很大的一个差别就是：信息社会最好的一个人才、一个程序员、一个科学家，可能比普通人生产力好3倍、5倍、10倍或者20倍，甚至更多。但即使他在技术方面很优秀，如果他是一个孤僻自傲、不能合作，甚至影响团队无法工作的人，那么他对于这个团队，可能会产生负面的效果。

对各位同学的建议是：在可以抓住的每一个机会里，多参与社团工作，多建立一些与人合作的基础。无论是上课，还是参与社团，或是暑期工作时，让自己除读书之外，做一个能够与人合作、尊重他人的高情商的人。

4. 高效能沟通者

一个人如果有思想但是不能表达自己，他其实就是一个没有思想的人。在21世纪全世界都是信息的前提下，很好的信息传播渠道还是人。人如何传播信息？靠沟通。一个人的沟通能力很好，就可以把一个很难懂的信息很好地传播给别人。一个人沟通能力很差，他就无法传播信息，因此别人可能认为他没有思想。

所以沟通能力是非常重要的，需要学习。

5. 热爱工作者

如果一个工作是你非常热爱的，那么你可能在睡觉、洗澡、吃饭时都在想你的工作，你可能就会更有热情去做你的工作。你不认为你的工作是一件枯燥的事情，而是可以享受的事情。

对各位同学的建议是：保持一颗好奇的心，多去尝试不同的事情。要理解专业和工作不见得是完全一样的。如果你在一个喜欢的专业里面，珍惜它，好好地去找一份未来相应的工作。如果你不喜欢你的专业，你也可以在这个专业里面尽量找一个大专业里面的小专业，也许是你比较喜欢的；或者你可以在一个你认为比较喜欢的专业和你现在不喜欢的专业之间的交叉学科找一些机会。

6. 积极主动者

几百年之后，历史学家回顾今天，他们会说这个世纪里最重要的事情，不是互联网，而是人有了选择。有了选择就要积极主动，然后需要管理自己。一个积极主动者对自己的一切一定要负责。

7. 乐观向上者

对于半杯水的评价，我们可以说它"还有半杯水"，也可以说"就剩半杯水"。其实要看你是继续把水注进杯子里，还是把水从杯子里面倒出去。如果你继续注水的话，你会期望着水位上升；如果你倒水的话，很快杯子就会空掉了。其实这告诉我们：一个人是一个乐观的人，还是一个悲观的人。如果你是一个乐观向上的人，你总会告诉自己未来会更好。

在21世纪，社会需要认真读书的学生，但是更需要创新实践的人才。社会需要每一科的专才，但是更需要跨领域合作者。社会需要高智商的人，但是更需要高情商的人。社会需要每一个学生能够高效能地理解，但是更需要高效能地沟通。毕业后，当然要找一个热门的工作，但是更重要的是要找你热爱的工作。要做一个积极主动的人，做一个乐观向上的人。

二、自我认知与职业

（一）了解自我

人们常说鞋合不合适，只有脚知道；还有一句话是要战胜别人需知己知彼才行。每个人都有自己的优点和长处，也有缺点和不足，如果缺乏自我分析和总结的意识和能力，对自己不能有一个基本正确的认识，那么对于前途的定位，对于将来从事何种职业，如何做好准备等都无从谈起。所以，在大学期间，我们要学会认识自己，了解自我。

一般来说，认识自我有三种方法。

1. 比较法——我与人的关系

古人云：以铜为镜，可以正衣冠；以史为镜，可以知兴亡；以人为镜，可以明得失。他人是反映自我的一面镜子，与他人交往，是个人获得自我认识的重要来源。我们能从人与人的交往中用心向优秀的人学习，获得更多的经验，按照自己的需要去规划自己的前途。但要注意，与他人比较的不是出身和财富，而是能力和品行。

2. 经验法——我与事的关系

吃一堑，长一智。从做事的经验中了解自己，不管成功与失败，我们都要善于总结和分析，从中学到经验和教训，要提高经受挫折和抗压能力，有勇气和信心去应付困境和挑战。每一件事都值得我们认真思考，总结经验，吸取教训，更深入地了解自我。

3. 反省法——我与自己的关系

古人云："吾日三省吾身。"一个人能够做到这点非常困难。第一要认识实际观察到的客观的我，包括身体、容貌、性格、气质、能力等；第二要了解别人眼中的我，通过他人对自己的态度、情感、评价等认识自我；第三要知道自己期望中的我是什么样子，要给自己树立一个目标，不断在认识自我中提高和完善。

（二）性格、兴趣、气质与职业

职业心理学表明性格影响着一个人对职业的适应性，一定的性格适合从事一定的职业，不同职业对性格的要求不同。大学生在有目的地培养自己的职业能力时，一定要考虑到自己的性格特点。

大学生在对职业认知时也要考虑到个人的兴趣，兴趣是选择职业的重要依据，对于大学生在大学期间培养职业能力时尤为重要。兴趣可以充分发挥个人才能，提高工作效率，可以最大限度地促成个人的成功。每个人都在一定领域拥有自己的兴趣，建议大学生从现在起根据自己的兴趣培养自己的职业能力，为将来就业打好基础。

我们经常说"江山易改，本性难移"，这里更多指的是气质。气质没有好坏之分，却与职业密切相关，关系到工作的效率和事业的成败。一般来讲，我们把气质分为四种类型：胆汁质、多血质、黏液质和抑郁质。胆汁质的人相信实实在在的东西，不相信虚的东西，具有外向性、行动性和直觉性，对周围发生的事冷静注视，以旁观者的态度对待，因此比较适宜做记者、作家、图案设计师、实业家、护士、企业中外勤工作、业务员、营销员等外向型的职业。多血质的人充满自信，有较强的活动能力，喜欢体验和锻炼，重大局、不贪小利、不感情用事，这是多血质人的长处，适应的职业如政治家、外交官、商人、律师等。黏液质人聪明，有较强的能力，处世精明，有出类拔萃的情报搜集能力。他们不仅能从事学术、教育、研究、医师等内向型的职业，而且也可以活跃在政治家、外交官、商人、律师等外向型职业领域。黏液质人的出色之处是他们中大多数人都能很好地利用协调性、积极性、社会性及感情稳定性表现自己的才能，发挥出卓越的能力，而且不论职位高低，都能在各自的岗位上占有重要位置。抑郁质的人内心有孤独倾向，遇事不是单凭聪明去处理事情，而是把自己所掌握的工作内容在头脑中组合、计算、确定方针，然后一个一个地去做。他们做企业一般的事务管理、工资管理、教育培训等工作比较容易成功。

第二节　运筹帷幄——职业生涯规划

理想是需要的，是我们前进的方向。现实有理想的指导才有前途；反过来，也必须从现实的努力奋斗中才能实现理想。

——周恩来

在当前现实的狭隘基础上一步一步行动，有高尚理想，全面的计划；脚踏实地地稳步前进，才能有所成就。

——徐特立

在职业生涯发展的道路上，重要的不是你现在所处的位置，而是你迈出下一步的方向。

——程社明（人力资源领域著名实战专家）

一、职业生涯与人生规划

美国一位环保专家说过：世界上没有垃圾，只有放错了地方的资源。同样道理：世界上没有庸才，只有放错了位置的人才。

大学生职业生涯规划是人生的重要规划，在校期间如果能够较早地认识自我，对将来的工作和人生有目标地规划，不断探索和发展自身潜能，就能在将来的就业和人生中正确把握方向，走向成功。

（一）职业生涯规划内容

职业生涯规划指的是一个人对其一生中所从事职业的相继历程的预期和计划，这个计划包括一个人的学习与成长目标，对一项职业和组织的生产性贡献和成就期望。个体的职业生涯规划并不是一个单纯的概念，它和个体所处的家庭以及社会存在密切的关系。要根据实际条件具体安排，并且因为未来的不确定性，职业生涯规划也需要适当地变通，虽然是规划，也不是一成不变的。同时职业规划也是个体的人生规划的主体部分。

简单说，职业生涯规划的意思就是：你打算选择什么样的行业、什么样的职业、什么样的组织，想达到什么样的成就，想过一种什么样的生活，如何通过你的学习与工作达到你的目标。

将来大学生在应聘面试时，主考官常常会问这样一个问题：如果你获得这个职位，你将如何开展工作？这就是你必须回答的一个简单的有关职业生涯规划的问题。面对日益激烈的就业竞争，每个人都不得不面对这样的问题：我未来的路在哪，如何找到我满意的工作。所以每个人其实都潜移默化地在心里想过自己的职业规划，也许这只是一个很模糊的意识。只要通过问自己以下几个问题，职业生涯规划过程就明确了。

(1) What are you？首先问自己，你是什么样的人？这是自我分析过程。分析的内容包括个人的兴趣爱好、性格倾向、身体状况、教育背景、专长、过往经历和思维能力。这样对自己有个全面的了解。

(2) What you want？你想要什么？这是目标展望过程，包括职业目标、收入目标、学习目标、名望期望和成就感。特别要注意的是学习目标，只有不断确立学习目标，才能不被激烈的竞争淘汰，才能不断超越自我，登上更高的职业高峰。

(3) What can you do？你能做什么？自己专业技能何在？最好能学以致用，发挥自己的专长，在学习过程中积累自己的专业相关知识技能。同时个人工作经历也是一个重要的经验积累。

(4) What can suport you？什么是你的职业支撑？你具有哪些职业竞争能力以及各种资源和社会关系？个人、家庭、学校、社会的种种关系，也许都能够影响你的职业选择。

(5) What fit you most？什么是最适合你的？行业和职位众多，哪个才是适合你的呢？

待遇、名望、成就感和工作压力及劳累程度都不一样，看个人的选择了。选择最好的并不是合适的，选择合适的才是最好的。这就要根据前四个问题再回答这个问题。

（6） What can you choose in the end? 最后你能够选择什么？通过前面的过程，你就能够做出一个简单的职业生涯规划了。机会偏爱有准备的人，你做好了职业生涯规划，为未来的职业做好了准备，当然比没有做准备的人机会更多。

（二）职业生涯规划的要点把握

职业规划，尤其是大学生职业生涯规划有以下几点要点：

（1）明确规划年限——规划起止日期、年龄跨度，显示职业生涯规划的个人特征和时间阶段性。

（2）确定职业方向——即选择什么职业。

（3）分析社会环境——社会政治、经济发展方向，所选定的职业在社会环境中的地位，社会发展趋势对此职业的影响。

（4）分析企业——一方面分析企业的发展前景和企业用人等制度，另一方面分析该企业会给自己带来什么机会。

（5）挖掘人力资源——哪些人将在自己职业生涯开发与管理中扮演重要角色，他们的作用、建议是什么？

（6）目标及实现时间——可以预见的最长远的目标，如职务目标、能力目标、成果目标、经济目标等，制定时间表，预计实现目标的时间进程。

（7）确定成功的标准——回答与职业生涯相关的价值观念问题。例如，如果预期的职务没有得到是不是失败？如果得到是否代表全部成功？

（8）自身条件及潜力测评——将自己本身的条件、发展潜能、发展方向与环境给予的机遇和制约条件相比较。自身条件包括以下因素：兴趣、爱好、天赋、专长、知识水平、操作能力、身体条件、价值观念、情绪智力、家庭条件等。

（9）找到差距——分析目前条件与实现目标所需知识能力要求的差距。

（10）缩小差距的方法及实施——参加培训、锻炼等。

二、职业生涯规划要从大一做起

在一望无际的草原上，有只狮子不停地奔跑，但是前方却没有猎物。有人问它为什么要奔跑，狮子说："我只有跑得比猎物快，才能获得食物。"同样，一只羚羊也在独自奔跑。有人问它为什么奔跑，羚羊说："我只有跑得比其他羚羊快才能不被吃掉。"故事告诉我们：不论你是强者还是弱者，只有先行一步，不断地努力，超越他人，才能在这个社会上生存。

有关教育专家指出，大学生应该尽早确立"职业生涯"的概念，进校就想出门事，就业难就早下手，让职业生涯规划从大学入校第一天就开始，与三年学习生活同步。大学时期是毕业起跑的助跑期。职业生涯规划越早则今后毕业找工作越主动，谁的规划做得早，谁在毕业时就最先拿到第一桶金。根据大学三年学习生活的规律和特点，为大学生涯规划提供一些建议供参考。

（1）一年级为试探期。适应大学生活做好以下六个方面：一是学习适应；二是人际适配；三是生活自理适应；四是环境的总体认同；五是异性关系的适应；六是自我定位的适应。同时要初步了解自己未来想从事的职业或自己所学专业对口的职业，要为自己建立职业生涯规划档案，记录自己的特点、兴趣、职业能力倾向等内容。积极参加学生会或社团等组织，参与各项活动，锻炼自己的各种能力。

（2）二年级为定向期。了解未来职场的素质要求，有选择性地参加相关活动和实践。了解本专业的就业形势，初步确定职业目标，将就业的压力转化为整个大学阶段的学习动力。课余时间尝试从事与自己未来职业或本专业有关的兼职、社会实践活动，并要具有坚持性，提高自己的责任感、主动性和受挫能力，增强英语口语能力，增强办公软件应用能力，积极参加各类专业性比赛，锻炼自己独立解决问题的能力和创造性。有意向升本的学生，提前向上届或者相应老师咨询。学习写简历、求职信，了解搜集工作信息的渠道。加入校友网络，并积极尝试参加培训，尽可能地获得某种行业准入的相关的职业资格证书。根据个人兴趣与能力修订个人的职业生涯规划。

（3）三年级为分化期。可先对前三年的准备做一个总结。首先，检验自己已确立的职业目标是否明确，前三年的准备是否已充分。然后，开始毕业后工作的申请，积极参加招聘活动，在实践中校验自己的积累和准备。最后，预习或模拟面试。积极利用学校提供的条件，了解就业指导中心提供的用人单位资料信息，强化求职技巧，进行模拟面试等训练，做好充分准备。

俗语云："早起的鸟儿有食吃。"在大学里，无论什么时候我们都要先行一步，并且付出艰辛的劳动。大学是人生新的起点和转折点，如果虚度大学时光，将在很大程度上决定一个人今后的发展。人生永远都在奔跑，我们只有比别人跑得快、跑得早，才能比别人有更好的收获。明确了奋斗目标，还要落实到行动上，如果仅仅停留在口头上，最好的目标也只能是空中楼阁。成功＝目标＋计划＋行动，我们只有努力践行，才能实现自己的理想。大学里的机遇是均等的，我们要善于主动抓住机遇，创造机会充实完善自己。

三、职业生涯决策与实施

行为科学认为，目标是一种刺激，合适的目标能够激发人的动机，规定行为的方向。行为科学家佛隆认为：人们把目标的价值看得越大，估计实现的概率越高，这个目标对他的激发力量也就越大。理想的职业生涯目标，对人的发展有着重要的激励作用。大学生由于知识、经验、阅历、态度、利益等不同，个人目标存在着差异，每个人对于自己预期的职业生涯目标各不相同，应根据自己不同的需要确定自己的职业生涯目标。在确定职业生涯目标后，就要选择和设计合理的职业生涯路线，执行生涯战略。勇于执行，是个体有效管理的关键。美好人生，始于规划；完美规划，则靠卓越执行。

著名职业生涯规划专家程社明提出，选择生涯路线应把握四条原则：择己所爱、择己所能、择世所需，并在保证了前三个原则的基础上，追求就业收益最大化即择己所利。我们可以根据自己的总体目标，采取链条分解法逐层分解，将总体目标分解成一个个具体目标，使自己在每一学年、每一学期，甚至每一月都有小目标，然后根据具体的小目标，采取相应的具体措施步步落实，并辅以考核措施以确保目标的实现。

第一，择己所爱。在制定职业生涯规划时，一定要珍惜自己的兴趣，择己之所爱。兴趣与成功概率有着明显的正相关关系。

第二，择己所能。在制定职业生涯规划时，一定要选择最有利于发挥自己优势的职业，择己之所长。职业不同，对技能的要求也不一样。每一种职业技能都是要经过一定时间的训练后才能掌握。一生很短暂，任何人都不可能在一生中掌握所有的职业技能。

第三，择世所需。制定职业生涯规划时一定要分析社会需要，即选择社会需要的职业，择世之所需。

第四，择己所利。职业是谋生的手段，每个人都期望职业生涯能带给自己幸福，利益倾向支配着个人的职业选择（社会地位、职业生涯稳定感、收入、挑战性的职业等）。以利益最大化原则权衡利弊，在以上诸多因素中找到一个最佳结合点。

第三节　决胜千里——为就业做准备

不打无准备之战。
　　　　　　　　　　　　　　　　　　　　　　　　　　——毛泽东
危险、怀疑和否定之海，围绕着人的小小岛屿，而信念则鞭策人，胆敢面对未知的前途。
　　　　　　　　　　　　　　　　　　　　　　　　——泰戈尔《流萤集》
立志、工作、成就，是人类活动的三大要素。立志是事业的大门，工作是登堂入室的旅程，这旅程的尽头有个成功在等待着，来庆祝你的努力结果。
　　　　　　　　　　　　　　　　　　　——路易斯·巴斯德（法国微生物学家）

一、企业需要你吗

根据企业的不同情况，在选聘人才上有各种各样的标准，比如微软重创新、IBM重学习能力、宝洁重诚实正直……但，总体来说，以下6个标准却是现代企业普遍认同的。

1. 以德为先

企业选用人才的第一个标准是"道德情操"。没有良好的职业道德、人生观和价值观的人才，往往缺乏奉献精神，很难做好本职工作。作为对自己的第一要求，严重时会将个人的不良倾向波及和影响到整个团队，从而给团队带来较大的管理难度和管理风险。

2. 务实为本

"务实"是企业选用人才的第二个标准。现在大学毕业生越来越多，好工作越来越难找，但自认为怀才不遇，眼高手低、好高骛远者还大有人在。因此，对企业来说，务实型人才是最受企业青睐的。从基础工作做起，一步一个脚印，这样的人才最后都会成为企业的栋梁。

3. 良好的团队精神

"良好的团队精神"是选用人才的第三个标准。现代企业几乎不存在"个人英雄主义"逞能的土壤，成功离不开团队全体成员竭诚地协同努力。一个缺乏团队精神的人，表现为自私、利己，不愿与别人合作，也很难认可别人的贡献。这样的人才，将会与团队格格不入，无法融入团队，即使有"一技之长"，也很难有机会施展，最终无法为团队创造出应有的绩效。

4. 较扎实的基础知识

较扎实的基础知识是能否进行有效培养继而使其成为"能人"的前提条件。在这些基础知识中，专业知识固然十分重要，但最重要的是语文知识和数学知识。因为一个人具备了良好的语文基础知识，则理解和表达能力通常不错，这会有利于与人的沟通；具备了良好的数学基础知识，则逻辑思维能力比较强，处理事务时一般会比较严谨和细致。

5. 认同企业文化

认同企业文化与被聘后人才的稳定程度有关。人才不稳定，不但不利于团队工作的开展，而且会增加人才招聘成本，从而给企业带来不必要的负担。

6. 较好的发展潜力

较好的发展潜力是一个人能否快速成长的先决条件。企业所需要的应该是那种具有较好发展潜力的人才，因为这样的人才企业所付出的成本可能不会很高，但创造的价值却是不断增长的。

二、就业，要有备而战

大学生首先必须注意培养自己的基本素质，在具备这些素质的基础上注意培养自身的特长，只有具有特色素质，形成核心竞争力，才能真正转化为就业能力。

1. 要具备合理的知识结构

第一，要有宽厚扎实的基础知识。基础知识是知识大树之躯干，是知识结构的根基。大学毕业生无论选择何种职业，也不管要向哪个专业方向上发展，都少不了宽厚扎实的基础知识。就像万丈高楼平地起，全靠基础来支撑。尤其是外语和计算机知识，必须要扎实深厚。

第二，要有广博精深的专业知识。专业知识是知识结构的核心部分，也是科技人才知识结构的特色所在。大学生对自己所学专业的知识和技术要具有一定的深度，涵盖一定的范围，要有质和量的要求。对概念体系、理论体系、研究方法、学科历史和现状、国内外最新信息等都要了解和把握。同时，对专业邻近领域的知识也要有所了解或熟悉，善于将所专的领域与其他相关知识领域紧密联系起来。

第三，要有较高的非专业素质。指的是学生在所学专业知识与技能之外应当具备的素质。一是敬业精神，守时按点，把事当事，必须有主动精神，学会创新。要有领悟能力，有结合实际的贯彻和执行能力。二是团队合作精神，具有角色意识，服从意识，相互协调能力和解读能力，不达目的不罢休的精神。三是吃苦耐劳精神，即学习和工作的自觉性，自觉加班完成任务，勤奋、敬业，对事业的追求不分内外。四是不抛弃、不放弃精神，不找任何借口主动承担责任的精神。五是沟通协调能力。要学会语言表达艺术，善于揣摩，能够与人深入沟通，乐于多交朋友。

2. 要具备必不可少的能力

一要有动手能力。即实际操作能力，这是工作必须具备的一种实践能力。大学生要提高自己的动手能力，关键在于多看、多练。看得多、接触得多就可以掌握一些基本的操作程序和方法，练得多才可能真正提高自己的动手操作能力和技巧。如果大学毕业时在实际操作上有一手或几手过硬的本领，一定会受到用人单位的青睐。

二要有适应能力。一个人的适应能力是其素质、能力的综合反映，适应能力的强弱与他的思想品德、文化知识、活动能力、创造能力、处理人际关系的能力以及健康状况等密切相关。

三要有人际交往能力。人际交往能力实际上就是与他人相处的能力。能否正确、有效地处理、协调好职业生活中人与人的各种关系，不仅影响一个人对环境的适应状况，而且影响着他工作的效能、心理的健康、生活的愉快和事业的成败。

四要有组织管理能力。尽管不是每个大学生毕业后都会从事管理工作，但是每个人在将来的工作中都程度不同地需要组织管理才能，这是现代社会对人才提出的要求。

五要有创新能力。创新能力包含多方面的内容，如强烈的好奇心，细微的观察力，深刻的洞察力，大胆设想、勇于探索的精神，以及提出问题、研究问题、解决问题的能力，等等。大学生要自觉地培养这些能力，为走上工作岗位后创造性地工作打下扎实的基础。

六要有决策能力。决策能力就是对未来行为目标的决断和选择的能力。良好的决策能力可以实现对目标及其实现手段的最佳选择。很多成功的门,其实是虚掩着的,只要勇敢地去叩门,大胆地走进去,呈现在眼前的很可能就是一个崭新的天地。

三、做事,要先学会做人

做人就像搞建筑。一座大厦,即便地基再结实坚固,如果内在的装饰、雕刻不细腻精美,也很难吸引人驻足或入内观光。做人也是如此,如果只是一个空有骨架之人,是不会散发出吸引人的魅力的。

一个人的内在素养有多高,成就就有多高。学会做人在这里超越了单纯的道德、伦理意义上的"做人",而包括了适合个人和社会需要的情感、精神、交际、亲和、合作、审美、体能、想象、创造、独立判断、批评精神等方面相对全面而充分的发展。从这个意义上说,学会做人与德、智、体、美、劳全面发展相吻合。对于大学生来讲,在校期间,更多的要学会做人,先成人,后成才。

一是在人与人的关系中养成良好的行为习惯。从小事做起,从基本做起;说话有礼貌,尊敬每一个人;说了就要做;对朋友要真诚;不给别人添麻烦,对别人的请求给予力所能及的帮助;懂得感恩,及时感谢别人的帮助;不做破坏别人劳动成果的事;做事情想到与别人合作。学会关心自己,关心他人。

二是在人与社会的关系中养成良好的行为习惯。在集体和组织中以主人的身份发表意见、提出建议并努力去做;多做好事;每天注意阅读、收听、收看新闻,按规则行动。

三是在人与自然的关系中养成良好行为习惯。不乱扔垃圾,不做伤害小动物等对环境有害的事;学会关爱大自然;不随地吐痰;节约不浪费。

四是在人与自我的关系中养成良好的行为习惯。做人讲道理;做事有计划;不向困难低头;不迁就自己的毛病;天天锻炼身体;讲究卫生;爱动脑筋,以创造为快乐。

第八章　提升个人素质——做个有就业竞争力更有魅力的人

第一节　社会对大学生的素质要求

一、当前大学生就业情况

当前和今后一个时期，中国就业形势将更加复杂、更加严峻，促进劳动者充分就业的任务十分繁重。尽管近两年受生源数量下降的影响，高等院校招生规模有所缩小，但全国普通高校毕业生依然有 600 万之众。找一个满意的工作，依然是摆在高校毕业生面前的一道难题。一方面是毕业生奔走于各用人单位之间，感叹着"僧多粥少"工作难找；另一方面是用人单位为招聘不到合适的员工而犯愁。这种就业两难境地原因何在，如何破解？高校毕业生应如何在激烈的市场竞争接受社会的挑选？社会究竟需要什么样的人才？如何提高大学生素质培养水平？这一系列问题都是高等教育工作者和大学生必须认真思考和回答的问题。

2020 年，全国高校毕业生人数达到 874 万，创历史新高，加之受国外经济形势以及新冠肺炎疫情的影响，国内经济增速放缓，社会人才需求总量下降，就业人数的增加与社会需求的下降，使得大学毕业生就业形势更加严峻，这一年也被人们称为"史上最难就业年"。国家和各级政府高度重视高校毕业生就业工作，出台了多项支持性政策，如以创业带动就业、扩大专业学位研究生招生规模、提出离校未就业高校毕业生就业促进计划等，各高校也千方百计做好毕业生就业服务与指导工作，对各类就业难的毕业生进行帮扶。

因此，当前和今后一个时期的所谓大学生就业难的问题，有外部环境变化的因素，有教育与社会需求脱节的影响，更应从大学生自身能力素质培养方面查找原因。

近年来，国家和各地方政府出台了一系列支持和鼓励大学生创业的政策措施，各高校的创业教育体系也不断完善，部分地区及高校还建立了大学生创业孵化基地，为大学生创办的小企业提供资金、场地、培训及其他政策方面的扶持和服务。大学生思维活跃，具有激情和活力，选择自主创业一方面有利于缓解就业压力，更重要的是通过创业实践能够积累丰富的社会经验，磨炼意志品质，是一种更具有挑战性的职业决策。应该看到，有越来越多的大学生走上自主创业之路，但是受到创业资金不足、管理经验缺乏、团队稳定性差等因素影响，其中一些创业企业和团队面临诸多困难，甚至创业失败。在此，有三点建议给同学们：一是大学生在大学期间要注重培养自己的创新意识和实践能力，这是人才的核心竞争力；二是选择自主创业要量力而行，要有较为充分的思想准备、能力准备以及资金准备，处理好创业与学业的关系；三是对于自主创业的大学生而言，无论企业成败，这种经历都是一笔宝贵的人生财富，胜不骄，败不馁，要有坚定的信心去创造精彩人生。

二、社会对人才的需求

大学生要认真分析本专业的就业形势，思考社会究竟需要什么样的人才，才能在大学期间有针对性地锻炼自己，提高竞争力和适应能力。我们知道，每个企业都有自己独特的选人标准，每个员工心中都有一个最佳雇主标准，这是一个双向选择的过程。让自己努力去适应社会和企业的需求，这是顺利就业的关键。下面，让我们看看一些世界五百强企业的用人标准。他们虽然各有不同，甚至有些比较"雷人"，但通过学习这些企业的用人之道，大学生或许能够找到努力的方向。

- **微软：寻找"聪明"人**

微软一直在寻找自己需要的聪明人，而聪明人的含义又很特别。微软有自己的一套办法考查人的"聪明"程度。比如，微软的招聘人员会给你"3388" 4个数字：看你能不能在最短时间内通过加减乘除得出24。还有一些问题，更是"刁钻古怪"，比如考官会问你"美国有多少加油站"等。而这些问题当然不是考你的记忆力和常识，事实上也没有什么标准答案，关键是考查你分析问题的能力。微软是赫赫有名的IT行业巨头，但这并不意味着它只招聘计算机人才。以清华为例，微软全球技术中心2001年在清华招了19个学生，其中计算机及相关专业的有9个，而精仪、化学、生物、核能等非计算机专业的学生有10个，突破了以往计算机及相关专业的学生占大多数的模式。

"微软之王"比尔·盖茨认为：当一个人为生计发愁时，他就会发挥自己的潜能，进行创造性思维。因此，盖茨一旦发现本行业中比较出色但又因所在公司经营败落而失业的人才，就会在适宜的时候聘他来微软工作，微软还青睐具有冒险精神的人。要想成为微软的一员绝非易事，你要对软件有浓厚的兴趣，还要有丰富的想象力和敢于冒险的精神，微软宁愿冒着失败的危险选用曾经失败过的人，也不愿意录用一个处处谨慎却毫无建树的人。

- **世界银行：须跳过3次槽**

应聘世界银行，起码要跳过3次槽。因为世界银行认为，对于经常需要考查、验资的银行人员来说，知己知彼非常重要，所以，应聘世界银行的基本条件是至少要有3种以上不同行业的工作经历。

- **SAP：注重发展潜力**

德国SAP公司成立于1972年，发展迅猛，很快成为全球第一大独立软件供应商，也是软件解决方案供应商。1998年1月1日SAP北京开发中心成立，在上海、广州等地设有分公司。SAP看重一个人的素质潜力，因为在SAP看来，技术和知识都是可以经过实践获得的，而人员的素质、品德是与生俱来的，与学历的高低并没有必然的联系。SAP在招聘员工时并不在乎对方现有的学位和文凭，而更在乎他还能吸收多少新知识，还能提高多少，只要有这个，进入SAP之后，经过培训后学习以及具体企业文化的熏陶，就有可能成长。

- **宝洁：诚实正直是第一位**

尽管时代一天天在变化，但那些具有传统的"侠义之风"的应聘者是宝洁最期待的。这些素质可以概括为：诚实正直、勇于承担风险、积极创新、发现问题和解决问题、不断进取。这几方面是密不可分、相互联系的。其中，诚实、正直是放在第一位的。此外，如果你去保洁公司的"飘柔"应聘，常常会被问到是否经常参加学校的活动或组织过哪些活动，而热心社会活动的学生宝洁也会优先考虑聘用。

- **英特尔：青睐"得3分的人"**

客户第一、自律、质量、创新、工作开心、看重结果——这是英特尔的企业文化和企业精神。英特尔聘人的首要条件就是认同这个精神和文化，因为这是英特尔的凝聚力所在。在英特尔看来，得3分（成绩中等偏上）的人也许更可取。英特尔在人们的印象中是一个不断推陈出新、升级换代的品牌，其创新精神在招聘过程中也有充分的体现。英特尔在各高校招聘应届毕业生时，愿意招各种虽是3分却富有创新意识的学生，最好是在校期间就完成颇有创意的项目。英特尔公司对经理人才有更高的要求。首先要有专长，比如精通计算机、会公关等，这是最基本的素质。其次是与人相处的能力，因为经理得靠大家来开展工作。英特尔对经理的评价也是看他领导组织的业绩，而不是看他本人。所以，英特尔看重的是既有个人专长又有领导才能的经理人才。

- **雅虎：热爱生活的人**

美国雅虎公司是一个新兴的创新企业，其选拔人才自有一套标准。

热爱生活：应聘者要对生活充满热爱，只有热爱生活的人，才能替公司干大事，才能在生活中成就大事。

影响力：雅虎所聘用的人必须结识一批英才，因为雅虎常常利用企业内部员工的关系网网罗人才。

人际技能：雅虎聘用的任何员工短期内都要负责管理他人的工作，因此，雅虎的员工必须具备良好的建立人际关系的能力。

- **联想：有上进心、悟性强**

联想集团原董事局主席柳传志选人有两条标准：第一是看有没有上进心，"年轻人能不能被培养，上进心强不强非常重要。企业要真正做好，总得有一批这样的人，即真的是为国家、为民族富强而把职业变成事业的人。纯粹求职的人，在联想没有大的发展。"第二是看悟性强不强。什么能妨碍悟性的发展呢？是自己对自己的评价过高。悟性无非是善于总结的意思，但过高地看自己，容易忽视他人的经验，这种人挺多。有很多人有一定的能力，但仅是聪明而已，达不到智慧的程度。有的人个性很强，强到外力砸不破，这个人也没有培养前途。"

虽然企业对人才需求的标准各有不同,但在阅读上面的内容时,我们不难发现隐藏在不同的需求背后的共同之处。我们把企业需求的人才特点概括为以下几个方面:

(一) 具有良好的道德品质和积极的人生态度

司马光在《资治通鉴》里对德与才有精辟的论述:"夫聪察强毅之谓才,正直中和之谓德。才者,德之资也,德者,才之帅也。"才是德的辅助,德是才的统帅。道德品质决定了一个人的才干、智慧和能力为谁所用,用于何处,这是方向性问题,是根本问题;以良好的道德品质为基础,具有怎样的才学与能力,决定了一个人能够为社会创造多少价值,产生怎样的影响。司马光还对圣人、愚人、君子、小人做了界定:"是故才德全尽谓之圣人,才德兼亡谓之愚人,德胜才谓之君子,才胜德谓之小人。"现在有一种比较流行的说法,与司马光的判断比较相近——"有德有才是正品,有德无才是次品,无才无德是废品,有才无德是危险品"。失去了道德底线的人,才学越高可能对社会、对他人造成的危害越大。

把"道德品质"作为选才用人的首要条件,已经成为各类企业事业单位的共识。事业的发展需要具有奉献精神和吃苦精神,诚实守信,善于合作,具有集体观念和团队意识的人才支撑。要想做事,先学做人,小胜靠智,大胜靠德。大学生是宝贵的人才资源,加强道德修养,增强意志品质,适应社会需要,才能安身立命,建功立业。

所谓积极的人生态度,就是用乐观向上、健康积极的态度面对人和事,具有能够带给人温暖和力量的正能量。特别是在遇到困难、挫折的时候,不怨天尤人,不消极悲观,只为成功找方法,不为失败找理由,具有较强的抗挫能力,意志坚强,敢于拼搏。要善于发现和学习他人的优点,不嫉妒诋毁,不猜忌怀疑,待人真诚,与人为善。

(二) 具备较强的学习能力

当今社会,文化、科技迅猛发展,知识的更新速度更快,要求学生掌握的知识储备更多。学校只能选取最基本的知识教给学生,教会学生如何学习,使其具备一般学习能力,即观察力、记忆力、抽象概括能力、意志力、理解能力等;而其他更多的知识,包括源源不断的新知识、新的科学理念、独立完成工作的能力或者团队协作能力等,只有靠学生在社会活动和工作中不断学习或终身学习中获得。如果不具备学习能力,知识再多也会很快变得陈旧。美国教育家珍妮特·沃斯在《学习的革命》中写道:"学习就是在几乎一切都可能的世界里拓宽你的视野。"梭伦有句名言:"活到老,学到老。"这都是要告诉我们,会学习才是最基本的能力,只有不断学习才能跟上时代的步伐,才能适应信息社会飞速发展的需要,走在时代的前沿。现代企业也需要这样的人才,因为他们能够积极主动地去获取知识,获取信息,掌握分析信息的方法,能够通过学习掌握最先进的国际管理理念,能够了解有关产业最新的资讯,使得企业在竞争中立于不败之地。

(三) 具有创新精神和创造能力

创造能力是善于运用前人经验并以新的内容和形式来完成工作任务的能力,是现代大学生应具备的能力之一。开展社会关系活动既要遵循一定规律，又不能囿于固定的模式，应该随着社会的发展、环境的变化和工作的需要不断地对其内容和形式进行创新、补充和完善，使之更为丰富。一切新生事物都来源于创新。每一次历史性飞跃，都源于人们在实践过程中运用创新思维。要创新，就必须有创造能力，没有创造能力，创新就是"水中花""镜中月"。创造能力意味着不去进行重复的思考，不只按照以往的经验进行分析，而敢于进行各种可能的尝试，甚至是盲目的尝试，能够从所有可存在的方法中找到新的解决方案，能够发现别人看不到的东西，想到别人想不到的事情。为什么人人都见过苹果下落现象，只有牛顿提出了万有引力定律？为什么是达尔文创立了进化论，而不是其他同样了解物种差异的博物学家？为什么只有爱因斯坦能创造性地提出相对论？为什么哈雷彗星早在中国秦朝就有史书记载，但天文学界却用哈雷为这颗彗星命名？所有这些都说明只有具有创造能力的人才可能创新。微软的成功是持续创新、系列创新、全员创新的结果。比尔·盖茨说："我们的成功取决于创新。"微软交战的守则是淘汰自己的产品，微软招聘员工的标准是"能够适应软件与行业内差不多每月一次的革命。"微软敢于批判自己，敢于创新，所以它很成功。创造能力主要体现在创造性思维上，创造性思维的关键是知道如何去思考，而不是去思考什么，应该不拘一格，不受常规约束。在看待一个问题的时候，不仅要认识问题本身，还要从更高的角度去思考，思考这个问题延伸的意义。在寻求解决问题的方法时，不要找到一种可解决的方案就停下来，而要尽量列出所有可能的方案。在研究问题时，不仅要把相关的事物联系起来，还要善于把各种不相关的事物和想法结合在一起，在得出结论时，不仅要找到一个最优的结果，还要尽量同时接受其他不同的或完全相悖的结论，并对所有的现象和结论做尽可能的解释。从就业需求看，用人机构或个人除了要求受雇者专业基础扎实，还越来越重视受雇者的首创精神、冒险精神、创业能力、独立工作能力以及技术、社交和管理技能。因此，具有创新精神和创造能力的人，成为很多用人机构竞相选择的对象。

（四）具有团队协作能力

团队协作能力，首先要建立在团队的基础上。对于一个团队的队长来说，他需要有团队组织能力。而对于队员来说，不仅需要个人能力，更需要在不同的位置上各尽所能。团队协作能力是组织用人的最基本要求。

中国载人航天工程分为火箭、飞船、航天员、空间应用、测控、发射场、着陆场 7 个大系统，每个系统又有 10 个左右的分系统和更多的子系统，系统间既相互独立又互相联系。从 1992 年 9 月中央正式批准载人航天工程立项之后，全国许多地区、部门，成千上万的科学技术人员、工程技术人员、后勤保障人员，汇成了浩浩荡荡的登天队伍。像 Win2000 这样产品的研发，微软公司有超过 3000 名开发工程师和测试人员参与，写出了 5000 万行代码。同学们可以想象，如果参与这些工程和项目的人员不具有团队协作能力，那么这些庞大的工程根本无法运转，这些浩大工程根本不可能完成。

一个具备团队协作能力的人，不管是处于小团队还是大团队中，都能为了共同的团队目标而与团队成员通力合作，以大局为重，在个人利益与团队利益发生碰撞时，能顾全团队利益，在小团队利益与大团队利益发生不可调和的冲突时，能以大团队利益为重。"皮之不存，毛将焉附"，很多日本企业之所以具有强大的竞争力，不是因为一个人能力的卓越，而是因为员工整体"团队合力"的强大，其中起关键作用的是那种弥漫于企业的无处不在的团队协作精神。

团队协作强调团队内部各个成员为了团队的共同利益而紧密协作，从而形成强大的凝聚力和整体战斗力，最终实现团队目标。团队协作的作用在于提高组织的绩效，使团队的工作业绩超过成员个体业绩之和。面对社会分工的日益细化、技术及管理的日益复杂，个人的力量和智慧显得苍白无力，即使是天才，也需要他人的帮衬。组织的竞争力在很大程度上取决于成员个体，组织欲在激烈的竞争中谋一席之地，必然要求全体成员具备团队协作能力，发挥团队精神，以形成强大的团队合力。所以无论组织的大小、规模或经营方向如何，具备良好的团队协作能力已经是现代组织对员工的基本要求之一。从这个意义上讲，大学毕业生提高团队协作能力显得尤为重要，这也是决定一个人能否适应时代、胜任时代重任、成功求职的必备素质。人如同一滴水，只有注入江河，注入大海，才不至于干涸。大学生要学会处理好个人与集体的关系，要有与人协作的愿望和能力，不"孤芳自赏"。协作能力又是一种交际能力，学会与人相处，包容他人，这也是大学生修身立志的重要内容。

综上所述，社会需要人才，需要具有全面综合能力的大学毕业生，而不是只擅长于某一方面的独特性人才。解决自身求职难问题的关键是提高自身综合能力。然而能力的培养是一个长期的过程，并不是一蹴而就的，作为当代大学生，应该用只争朝夕的精神，从现在开始培养和提高自身能力。

第二节　大学生如何培养素质

一、素质教育概述

所谓素质，是指综合素质，它是人在先天遗传基础上，受后天影响而形成的产物，即人通过自身的长期内化养成的一种稳定的、长期起作用的品质，如世界观、人生观、价值观、事业观、责任感、思维方式、审美情趣、创新精神、人格意识等。

中共中央、国务院《关于深化教育改革全面推进素质教育的决定》中指出：实施素质教育，就是全面贯彻党的教育方针，以提高国民素质为根本宗旨，以培育学生的创新精神和实践能力为重点，造就"有理想、有道德、有文化、有纪律"的德智体美全面发展的社会主义事业建设者和接班人。素质教育主要包括道德素质、文化素质、专业素质和身体心理素质教育。其中，思想道德素质是指导（灵魂），文化素质是基础，专业素质是本领，身体心理素质是本钱，重点是培养学生的创新精神和综合实践能力。创新是人的主观能动性的最高表现，是民族精神的核心和民族进步的灵魂，是人类社会发展的不竭动力，是综合国力竞争的制高点。综合实践能力则是人解决实际问题的能力，包括收集处理信息的能力、获取新知识的能力、分析和解决问题的能力、语言文字表达能力、团结协作和社会活动能力。由此可见，素质教育是一种以提高人的素质为目标的教育，它只是一种教育思想和观念，而不是一种教育模式。它贯穿于教育的全过程，没有固定的标准和模式，因各学校的具体情况而各具特色。

《2012年中国大学毕业生就业报告蓝皮书》指出，有60%以上的本科生认为"大学提升了他（她）们的人生的乐观态度"，使他（她）们"积极努力、追求上进""关注社会"和具有包容精神。全面推进素质教育，大力提高大学生的综合素质，培养具有创新精神和实践能力的优秀人才，使大学生在德、智、体、美、劳等方面全面发展，既是完善社会主义市场经济体制和全面建设小康社会的必然选择，也是高等院校人才培养的一项紧迫任务。因此，探索新形势下如何推进大学生素质教育，引导学生树立正确的世界观、人生观、价值观，造就"有理想、有道德、有文化、有纪律"的德、智、体、美、劳全面发展的社会主义事业建设者和接班人，具有重大的战略意义。

二、大学生素质教育的基本内涵

实施素质教育，强调大学生既要有丰富的知识和文化修养、扎实的专业基础知识和能力，又要有健康的体魄和良好的心理素质。具体地讲，大学生素质主要应包括以下几个方面：

（一）道德文化素质

道德文化素质主要指大学生的政治思想，包括政治观、人生观、价值观等。

道德品质，包括真诚、勤奋、有责任感等；人文社科知识，包括历史知识、社会知识、文学底蕴、人际交往能力等。思想道德修养教育是培养人、造就人的社会活动。教育的产生和发展依赖于一定的社会需要，它与一定社会的生产力发展水平、生产关系等都有着密切的关系。教育的社会性质决定着教育的基本方针和学校的培养目标，我国《高等教育法》明确规定："高等教育必须贯彻国家的教育方针，为社会主义现代化建设服务，与生产劳动相结合，使受教育者成为德、智、体等方面全面发展的社会主义事业的建设者和接班人。"高等学校要全面贯彻落实教育方针，担负起为社会主义现代化建设培养高级专门人才的重大任务，使大学生成长为社会主义事业的建设者和接班人。高等学校不仅要有完备的科学技术文化知识教育体系，而且还要重视和加强德育，具有完备的思想政治教育体系。思想道德修养课就是高等学校思想政治教育体系的一个重要组成部分。它体现着社会主义大学的本质特征，在培养社会主义事业的建设者和接班人方面具有不可替代的作用。

（二）专业素质

专业素质主要是指大学生所具有的本学科与本专业扎实的理论基础、熟练的专业技能、全面的业务能力。专业素质是大学生进入职场应具有的最基础的素质。北京某科技股份公司人力资源部经理曾在招聘现场这样说："专业技能是我们对员工最基本的素质要求、IT 行业招人时更注重应聘者的技术能力。在招聘时应聘者如果是同等能力，也许会优先录取研究生。但是，进入公司后学历高低就不是主要的衡量标准了，会更看重实际操作技术，谁能做出来，谁就有本事，谁就拿高工资。"可见，在专业性校强的行业里，专业素质的积累和应用能力决定了员工职业发展的高度。因此，大学生在校期间要建立系统、完善的知识结构，打下扎实的理论根底，同时注重理论与实践相结合，才能为将来的职业发展打下坚实的基础。

（三）心理素质

心理素质主要指健康的心理状态，如承受挫折的能力、积极乐观的态度、健全的人格等。2010 年，发生在富士康公司的员工系列自杀事件一方面反映了现代社会竞争对人造成的压力之大，同时也从另一个侧面反映了心理健康教育的重要性。人的生命是宝贵的，只有心理健康才会形成完整的人格。据权威部门统计，目前大学生中存在心理问题的人数正在逐年增加，这引起了教育者与被教育者的高度重视。心理素质的提高一方面要靠学校的教育，通过学校心理健康教育与咨询中心和"大学生心理健康教育"课程，以及"5·25"心理健康系列教育宣传活动，让在校学生了解心理健康知识，提升学生心理健康意识；另一方面要靠大学生的自我教育，使自己能够主动学习并掌握必要的心理常识，增强自我心理调适能力，知道心理问题发生时应通过什么渠道宣泄或求助。

（四）身体素质

身体素质主要指大学生应该有健康的体魄、良好的生活习惯等。国民的健康素质直接关系到一个国家的综合竞争能力，特别是作为国家、民族的中坚力量，作为新一代祖国建设的接班人——大学生，更应该加强体育锻炼。加强体育锻炼，增强身体素质，培养坚强的意志是党和国家教育的基本方针。为了培养学生参加体育锻炼的兴趣和热情，学校开设内容多样的体育课程，还根据学生兴趣组织成立篮球队、排球队、足球队、舞蹈队等活动团体，让学生自觉投入体育锻炼中去，从而提高身体素质。

三、提升素质的途径

《中国教育改革与发展纲要》明确指出：教育改革和发展的根本目的是提高民族素质。社会发展的趋势表明，人才素质水平的高低已成为决定一个国家国际竞争能力强弱的重要因素,大学生素质教育已成为高教界"跨世纪发展战略"的重要组成部分,成为我国高等教育改革与发展的焦点。我们要用战略的眼光来审视和认识新时期实施大学生素质教育的作用,要不断转变教育观念,针对大学生的现实状况,推进素质教育的开展,培养出符合21世纪要求的高水平、高素质的人才。

我校始终坚持德育为先、能力为重、全面发展,一切从提高学生综合素质出发,树立多样化人才观念,尊重个人选择,鼓励个性发展,树立终身学习观念,为学生的持续发展奠定坚实的基础。

(一)主渠道——第一课堂

作为一所职业院校,我校各专业十分注重学生职业技能和职业素质的培养,这也是广大用人单位对大学生的基本要求。多年来,学校根据社会发展需求,几次修订各专业的人才培养方案,调整课程设置,根据学生的专业特点、年级特点、职业发展需要安排教学工作。学习是学生的第一要务,大学生在大学期间要合理安排时间,利用一切可以利用的资源,努力提高自己的专业素养及专业技能,为将来的就业和职业发展做好充分的准备。

德才兼备是用人单位的招聘条件,大学生在扎实学好专业知识和技能的过程中,更要注重提高自身的思想政治素质和道德品质。针对大学生目前在思想、信念等方面存在的实际问题,我校开设"马克思主义基本原理概论""毛泽东思想和中国特色社会主义理论概论"等思想理论课程,积极发挥第一课堂的主渠道作用,加大政治理论教学的改革力度,让中国特色社会主义理论进课堂,进学生头脑,充分发挥马克思主义理论、毛泽东思想和邓小平理论、习近平中国特色社会主义系列理论在素质教育中的积极作用,全面提高大学生的综合素质。

为了激发学生自我成才的内在动力,我校构建了学生适应与发展教育课程体系,将"新生适应教育""大学生心理健康教育""大学生职业生涯发展与规划""大学生就业指导"等课程进行有效衔接,结合年级特点,设置教学内容,提高学生适应与发展能力。通过这一系列紧密联系、逐级递进的课程学习,提高新生适应能力、心理健康素质和职业规划意识,用充实高效、丰富多彩的大学生活为学生奠定坚实的职业发展基础。

(二)有效途径——社会实践

"纸上得来终觉浅,绝知此事要躬行。"想成为一个高素质的应用型人才,仅仅依靠课堂学习是不够的。提高大学生的综合素质,社会实践是一个必不可少又非常有效的途径。我校为学生参加社会实践提供了丰富的渠道和广阔的空间。

1. 参加学生组织或社团

参加学生组织或社团,是锻炼组织能力、协调能力、沟通能力、策划能力的一个不错选择。学校有各级各类学生组织等待着大学生的参与,班级有班委会、校院有学生会、社联,还有各种各样丰富多彩的特色社团。如果你觉得现有社团还是无法满足你的需求，你也可以自己组建一个小社团，自己当创始人，体验一下创立协会的艰难。心有多大，舞台就有多大，现在舞台已经搭好，就等着年轻的你来起舞。

2. 参与各类科技创新及科研学术活动

如果你对科技创新情有独钟，那么学校在这方面也可以满足你的愿望。在大学生科技学术方面，我校新建创新创业学院，大力开展创新创业教育，积极组织学生参加省市国家级创新创业大赛，营造了科技创新的良好氛围，鼓励在校学生参与各项科技竞赛活动。通过竞赛，选拔、支持、指导有相关潜质和兴趣爱好的青年学生团队参加国内外各项赛事。在历次竞赛中，我校学生均取得优异成绩，竞赛水平展现了我校学生的综合素质水平，为学校赢得了荣誉。

3. 利用创业实践平台

我校鼓励和支持具有创业理想、拥有创业项目、具备创业实力的大学生自主创业。为了提高学生的创业意识，丰富其创业知识，我校建立了多层次的创业教育体系。面向一年级学生开设职业生涯规划课程，旨在培养全体学生的创新创业意识，面向大学生开设 KAB 创业基础选修课，结合科技创新和创业计划大赛举办专题讲座，旨在指导学生参与创新、创业实践活动。

4. 参加实习实践活动

大多数学生在进入大学之前，一直过着"两耳不闻窗外事，一心只读圣贤书"的生活，对社会了解甚少，社会实践可以让很多学生真正走出校园，了解社会。可以说社会实践为大学生提供了"岗前实习"的机会。目前，社会实践已经成为越来越多大学生接触社会、增加社会阅历、提升实际工作能力的有效方式。为了让更多学生获得社会实践机会，通过社会实践提升自身素质和职业能力，我校通过多种途径为学生提供实习实践平台，大学生也可以广泛利用寒暑假开展社会实践活动，不断开阔自己的眼界。

马克思主义认识论指出：实践是知识的来源和认识发展的动力。社会实践是学校与社会相互联系的桥梁，是培养大学生良好素质的基础和前提。因此，大学生应该把握好时机，储备专业知识，走出校园，走上社会，走向实践，把社会实践活动变成自己自觉自愿的行为，利用自己掌握的科学文化知识和应用能力为社会服务。同时，也使大学生在现实社会的大熔炉里更好地锻炼自己，净化自己的灵魂，陶冶自己的情操，升华自己的人生价值观念。

（三）积极参加校园文化活动

高校是知识的殿堂，是文化传递的主要场所。校园文化、文体活动作为素质教育的重要组成部分，不仅能适应新时期大学生不断提高思想文化水平，追求全面发展的心理要求，而且还能使学生通过对文化价值的摄取，获得人生意义的全面体验，进而于潜移默化之中感染人的情绪，陶冶人的情操，美化人的心灵，完成理想人格的塑造。同时，大学生还可以通过自己组织、自己动手创造条件，开展各项活动，即在实践中增长自己的才干，提高综合素质。

我校组织开展多层面、多类型的校园文化活动，有"新生才艺大赛""迎新晚会""一二·九长跑及文艺汇演""高雅艺术进校园"等各类文体活动；有"5·25"心理健康活动月、"公寓文化节"、运动会、篮足球比赛等各类专项体育竞赛活动；有各类社会实践活动，如暑期"三下乡"社会实践、青年志愿者服务活动；有各类讲座、培训，如"青马工程""学习筑梦"培训班、辅导员助理培训等。一系列丰富多彩、学生喜闻乐见的文化活动，在提高广大学生各方面综合素质、推进素质教育的同时，也得到了广大学生的一致好评，参与率在逐年上升，成为我校学生日常学习和生活不可或缺的一部分。

亲爱的同学们，自身素质的发展直接关系到我们未来的职业发展和幸福指数，大学阶段是夯实专业基础、丰富社会阅历、提升自身素质的最好时期，学会学习、学会创造、学会关心、学会合作、学会共事、学会处理各种矛盾、学会辨别是非，是我们在大学期间要完成的任务。所以，请同学们在大学伊始就静下心来，厘清思路，坚定信念，树立目标，向未来迈出坚定的一步。

第三节 礼仪素质——重中之重

美国著名总统林肯，出身于一个拓荒者的家庭。他在竞选总统时是一名律师，名气并不是很大。在竞选过程中，林肯收到一个小姑娘的来信，信中说："您的相貌太平常了，您的下巴又光秃秃的，不够威严，不像男子汉，如果您蓄上一大撮胡子，那么我们全家都会投您的票。"林肯采纳了小姑娘的意见，蓄上了一大撮胡子，这果然给他的形象增添了光彩，赢得了许多选民的好感。

在上面例子中，林肯正是通过一定的修饰，使自己原来的形象得到了改善，变得更完美，更具有魅力，因而获得成功。一个人在社会中生活，就要扮演各种不同的角色，当一个人以某种特定角色出现时，在仪表方面就应符合社会对这个角色所期望的要求。大学生也不例外，应在仪容方面符合社会和时代对大学生的要求。具有清新、端正的仪容和恰当自然的修饰是对大学生仪容的基本要求。大学生的仪容要求整洁，不能浓妆艳抹，只可适当修饰。除了外在形象，更要注重自己的礼仪礼貌，言谈举止，文明修身。

一、个人礼仪与良好形象

（一）什么是个人礼仪

礼仪是指人们在社会交往活动中形成的行为规范与准则。从个人修养的角度来看，礼仪可以说是一个人内在修养和素质的外在表现。从交际的角度来看，礼仪可以说是人际交往中适用的一种艺术、一种交际方式，是人际交往中约定俗成的示人以尊重、友好的习惯做法。礼仪有很多种，但各种礼仪的内容相互交融，大体上是相同的。

个人礼仪是社会个体的生活行为规范与待人处世的准则，是个人仪表、言谈、举止、待人、接物等方面的个体表现，也是个人品德、文化素养等精神内涵的外在表现。个人礼仪的本质是自尊自爱，尊重他人，与人友善。人们对他人的第一印象主要来自对其相貌、仪表、服饰、表情、姿态、谈吐、举止等外在因素的感受。心理学研究表明，由第一印象所形成的心理感受最为深刻。有人说，能给人留下美好的第一印象就成功了一半，这说明了个人礼仪的重要性。仪表指一个人形体的基本外观；表情主要指一个人的面部表情；举止指人们的肢体动作；服饰是对人们穿着的服装和佩戴的首饰的统称；谈吐即一个人的言谈话语；待人接物具体是指与他人相处时的表现，亦即为人处世的态度。良好的个人形象，要求仪容、仪表整洁端庄，表情自然舒展，举止文雅大方，服饰搭配适当，谈吐礼貌得体，待人接物亲切诚恳。

（二）讲究个人礼仪的意义

讲究个人礼仪是社会成员之间相互尊重、彼此友好的表示。这也是一种美德，是一个人的公共道德修养在社会活动中的体现。对个人来说，礼仪可以建立自尊，增强自重、自信、自爱，为人际交往铺平道路，有助于处理好各种关系。对社会来说，礼仪可以促进人们的社会交往，改善人们的人际关系，有助于净化社会风气，提升人们的道德观念。讲究礼仪并非个人生活小节或小事，而是一个民族精神文明的重要标志。

（三）个人礼仪的主要方面

（1）清洁卫生。清洁卫生是仪表美的关键。不管长相多好，服饰多华贵，若满脸污垢，浑身异味，必然会破坏一个人的美感。因此，养成良好的卫生习惯，做到入睡起床洗脸，早晚、饭后勤刷牙，经常洗头、洗澡，讲究梳理勤更衣，不要在人前"打扫个人卫生"，如剔牙齿、掏鼻孔、挖耳屎、修指甲、搓泥垢等，这些行为都应该避开他人进行。

（2）服饰合宜。服饰可以反映一个人文化素质的高低，审美情趣的雅俗。服饰既要自然得体，协调大方，又要遵守某种约定俗成的规范或原则；不但要与自己的具体条件相适应，还必须注意客观环境、场合对着装的要求，即服饰要优先考虑时间、地点和目的三大要素。

（3）言谈得体。一是礼貌，态度亲切诚恳，声音大小适宜，语调平和沉稳，尊重他人。二是多用尊敬和礼貌的词语，如日常使用的"请""谢谢""对不起"，第二人称中的"您"字等。现在，我国提倡的礼貌用语是"您好""请""谢谢""对不起""再见"，这十个字体现了说话文明的基本的语言形式。

（4）举止优雅。交谈时，要正视、倾听，不能东张西望，看书看报，心不在焉。站立时，挺胸、收腹、抬头、双肩放松，双臂自然下垂或在体前交叉，眼睛平视，面带笑容。女性两膝并拢，男性膝部可分开一些，但不要过大，一般不超过肩宽。走姿是一种动态的美，正确的走姿是：轻而稳，胸要挺，头要抬，肩放松，两眼平视，面带微笑，自然摆臂。

二、仪表美在清洁

清洁是仪表美的关键，是个人礼仪的基本要求，也是当今社会与人交往、取得成功的必要条件。

（1）面容清洁。要求每日早晚洗脸，清除附在面部的污垢、汗渍等不洁之物。

（2）口腔清洁。保持牙齿清洁，坚持早晚刷牙。常规的牙齿保洁应做到"三个三"，即三顿饭后都要刷牙，每次刷牙的时间不少于三分钟，每次刷牙的时间应在饭后三分钟内。口腔异味影响交际，必要时可以用口香糖来减少口腔异味。但在正式场合嚼口香糖是不礼貌的，与人交谈时，也应避免。

（3）鼻子清洁。在接待客人前，最好检查一下自己的鼻毛是否过长，以免有碍观瞻。如鼻毛过长，应用小剪刀剪短，但不要去拔。保持鼻腔清洁，不要用手去抠鼻孔，尤其是在客人面前，这样既不文雅，又不卫生。

（4）头发清洁。养成周期性洗发的习惯，一般每周洗2~3次即可。易出油的头发应该两天洗一次。梳头时，一定要留意，上衣和肩背上不应落有头皮屑和脱落的头发。

（5）手的清洁。通过观察手，可以判断一个人的修养与卫生习惯，甚至对生活的态度。因此，应经常清洗自己的手，修剪指甲。在任何公众场合修剪指甲都是不文明、不雅观的举止。

（6）身体清洁。讲究个人卫生，养成良好的卫生习惯，身体勿带异味。参加一些正式活动之前一定要洗澡。有些人喜欢使用香水，走到哪里香到哪里，这也是不礼貌的，所以在工作中最好不用香水。

三、交往礼仪营造和谐人际关系

（一）交往礼仪

1. 同学交往礼仪

所谓同学，一般是指师从于同一位教师，或在同一班级、同一专业、同一学校学习的学生。同学之间的情谊，既纯洁，又美好。在我国，校园生活的一大特点便是同学之间朝夕相处，时时与共，犹如一个大家庭，既是亲密的朋友，又情同手足，彼此间应以礼相待，注重文明礼貌。

(1) 初次见面礼仪。同学之间初次见面应当主动地进行简单的自我介绍，还可主动握手，表示热情友好，然后询问对方姓名，来自什么学校、什么地方等。大方得体地对待初次见面的同学，相互熟悉以后便可以彼此直呼其名，但不能用"喂"等不礼貌用语称呼同学。不要把粗鲁的打招呼言行当作亲近的表示和直率的表现。

(2) 相处礼仪：

①互相尊重。同学之间朝夕相处，难免会产生矛盾。在产生矛盾时，一定要冷静，耐心听取对方的意见，彼此多站在对方的角度思考，无论错在哪一方，都要以真诚和友善的态度去解决出现的问题，千万不要轻易伤害对方的自尊心。当同学生病或碰到困难时，应关心、探望、安慰和鼓励对方，祝同学早日战胜疾病或困难。

②宽容理解。虽然同学之间关系密切，但也要注意相处的距离。每个人的兴趣、爱好、个性和生活习惯以及为人处世等是有差别的。要处理好与同学之间的关系，就应学会宽容别人，以相互理解来缩小差异，而不可用自己的思维和意愿去苛求他人，更不能在小事上挑剔，进而影响团结。

③讲究礼貌。同学之间不可以没有礼貌，无论是在学习场所、娱乐场所，还是休息场所都要注意文明礼貌。

④互相学习。同学之间存在着多种差异，例如，考试成绩的差异、理解能力的差异、应变能力的差异等，正确地对待和处理好与同学之间在某些方面的差异是十分重要的。

一般地，对待和处理与同学之间差异的心态有好胜心、自尊心和忌妒心三种心态。其中，"不服气"的心理是好胜心；落后于人，除不服气外还有对自己的自责、自愧，觉得"没面子"是自尊心；对他人的成就不祝贺、不学习，反说风凉话，或玩花样打击对方，希望对方犯错误、出问题，这是忌妒心。在上述三种心态中，最应避免的就是忌妒心。正确地对待和处理与同学之间差异的做法是互相学习，形成一种正常的竞争关系。

⑤正确对待同学的错误。对于同学的错误，应正确对待，做到坦诚相待，诚心帮助。作为同学，当同学犯错误后要为同学着想，及时指出错误的危害性，帮助同学纠正错误，而不应幸灾乐祸。对于同学之间那些无关原则、不影响大局或两个人之间的事情，无须告之第三者。喜欢窥探别人的一言一行，爱打小报告，以求老师奖赏和信任的行为是一种品德缺陷。冷静处理别人对自己造成的伤害。当遇到其他同学有意或无意的伤害时，要冷静，不要冲动，以免造成更大的伤害。

(二) 异性交往礼仪

男同学应表现出得体的风度，比如主动帮助女同学搬运重物，外出游玩及搞活动时应为女同学让座等。女同学也应落落大方，分担任务，不要完全依赖男同学，坐享其成，应自尊自爱。在异性交往中切忌语言行为轻佻，以免引起不必要的误会，应保持一定的距离，保持健康的交往。异性同学之间不能起绰号；对异性同学的容貌、体态、衣着不可品头论足，以免伤害他人的自尊心，更不能嘲笑同学的生理缺陷，相反应给予热心帮助和更多的关怀。

四、如何自觉遵守交往礼仪规范

自觉遵守交往礼仪规范,首先要养成遵守交往礼仪规范的习惯。作为大学生来说,要着重从以下几个方面做起:

(一) 从小事做起,严于律己,善于自省

"吾日三省吾身""修身以不护短为第一长进",这种严于律己、内省自身的精神是古人修身的美谈。应自觉地按照时代、社会、民族的道德要求严格规范自己的言行,防微杜渐,"勿以善小而不为,勿以恶小而为之"。

(二) 平等相待,尊重他人

礼仪要求,交往对象无论是男是女,是老是幼,无论职位高低,无论何种种族,都必须要平等对待。交往时应根据交往对象的不同而采取不同的交往方法。

(三) 适度得体,求得和谐

交往礼仪中必须掌握技巧,把握好分寸,做到适度得体。例如,在一般交往中,要彬彬有礼而不能低三下四,要热情大方而不轻浮谄媚,要自尊而不自负,要坦诚而不粗鲁,要信人而不轻信,要活泼而不轻浮。在接待服务时,既要友好热情、谦逊谨慎、尊重客人、殷勤接待,又要自尊自爱、端庄稳重、平等公正、不卑不亢。当然,运用礼仪要真正做到恰到好处、恰如其分。

(四) 接受礼仪教育

要学会分清是非美丑,不断养成自己产生强烈的自我修养的愿望,以达到讲究礼仪的目的,在成长中使自己的思想境界不断丰富、提高和升华。

中篇

政策法规篇

一、高等学校学生学籍学历电子注册办法

教学〔2014〕11号

第一章 总 则

第一条 为规范高等学校学生学籍学历电子注册，向高等学校、学生和社会提供便捷、客观、权威的学籍、学历信息查询、验证及认证服务，保护高等教育受教育者的合法权益，根据《中华人民共和国高等教育法》和《普通高等学校学生管理规定》制定本办法。

第二条 高等学校学生学籍学历电子注册是运用现代信息技术，对高等学校（含具有颁发国家承认学历文凭资格的公办、民办普通高等学校、成人高等学校，开放大学）和经批准承担培养研究生任务的科学研究机构（以下合并简称高等学校或学校）按国家规定录取的高等学历教育学生取得的学籍、获得的学历证书（含通过高等教育自学考试获得的毕业证书）进行在线审核、电子标注、数据备案和网上查询的管理方式。

第三条 高等学校学历教育学生（含预科、专科、本科学生，少数民族骨干计划基础培训阶段研究生，硕士、博士研究生；华侨学生，来自香港、澳门、台湾地区学生以及国际学生）均须进行新生学籍电子注册、在校生学年电子注册、毕（结）业生学历证书电子注册。

第四条 高等学校学生学籍学历电子注册以高等学校为主体，由高等学校对符合国家规定、依法录取的学生学籍、毕（结）业生学历证书进行电子注册。省级教育行政部门依法对高等学校学生学籍学历电子注册工作进行监督和指导。

高等教育自学考试毕业证书电子注册工作由教育部高等教育自学考试办公室进行管理和监督检查，省级高等教育自学考试委员会办公室组织实施。

第五条 中国高等教育学生信息网（以下简称学信网，网址 http://www.chsi.com.cn）是高等学校学生学籍学历电子注册信息查询的唯一网站。

第六条 全国高等学校学生信息咨询与就业指导中心（以下简称就业指导中心）负责学信网的运行与管理，承担高等学校学生学籍学历电子注册的技术保障、日常维护和网上查询、验证、认证等服务工作，独立承担因查询、验证及认证工作而产生的法律后果，接受教育部相关部门的监管。

第二章 学籍电子注册

第七条 省级教育行政部门组织相关机构按照国家招生规定审核考生录取数据，将审核通过的数据报送教育部汇总复核后作为高等学校新生入学资格复查和学籍电子注册（以下简称学籍注册）的依据。

第八条 高等学校对报到新生进行录取、入学资格复查，对复查合格的学生予以学籍注册，复查不合格者取消入学资格；对放弃入学资格、保留入学资格、取消入学资格的学生予以标注。

少数民族预科生和少数民族骨干计划基础培训阶段研究生的资格复查由招生学校负责。预科培养和骨干计划基础培训的预科学籍标注由培养培训学校负责。预科培养培训结业后转入招生学校，由招生学校进行新生资格复查和学籍注册。其他预科生由招生学校负责。

普通高校学生（含专科、本科、硕士、博士、专科起点本科、第二学士学位等）在同一学习时段，只注册一个普通全日制学籍。跨校联合培养学生，在录取学校进行学籍注册。

第九条　按照特殊政策录取的学生应标注其录取类型。如定向招生专项计划（含免费医学、免费师范、非西藏生源定向西藏就业计划、扶贫计划等本科生，强军计划、援藏计划、少数民族骨干计划等研究生）、定向生、国防生、政法干警招录培养体制改革试点生等。

第十条　学校在学籍注册中发现录取数据有误或缺失的，由学校向省级招生部门提出申请，省级招生部门核实后将修改意见或补充录取数据报教育部，并将相关结果及时反馈学校。

第十一条　学籍注册后，学校应告知学生及时查询。学生可登录学信网实名注册后查询、核实本人身份信息和学籍注册信息。

第十二条　高等学校从学生入学次年起至毕业，应在每学年第一学期进行学年电子注册（以下简称学年注册）。学年注册包括在校生新学年注册（含注册学籍、暂缓注册等）和上学年学籍变动（含留级、降级、跳级、休学、复学、转学、转专业、保留学籍等）、学籍记载（含学业考试情况、社会实践情况、奖惩情况等）、学籍注销（含退学、取消学籍、开除学籍、死亡等）以及学生取得的其他证书（含肄业证书、学习证明等）的标注。实行学分制的学校无须标注留级、降级、跳级情况。

第十三条　学年注册在每学年第一学期开学后1个月内完成。学籍注销应在学籍处理后15个工作日内完成。

第十四条　学生离校后学信网将学生的身份信息、学籍注册信息、学年注册信息作为学籍档案保存。

第三章　学历电子注册

第十五条　高等学校颁发的学历证书（含高等教育自学考试毕业证书），应进行学历证书电子注册（以下简称学历注册）。学历注册证书分毕业证书和结业证书两种。

第十六条　高等学校只能为取得本校学籍并进行学籍注册的学生颁发并注册一份学历证书。学生毕（结）业离校时，学校应颁发毕（结）业证书并完成学历注册。学生获得的辅修专业证书，应标注在主修学历证书注册信息中。

第十七条　学历注册信息应与学历证书内容保持一致。学历注册信息包括：姓名、性别、出生日期、照片；学习起止年月；专业、层次、学制、毕（结）业、学习形式；学校名称、校（院）长姓名及证书编号。

学校应完整填报学历注册信息，信息不完整的不提供网上查询。

第十八条　学历证书发证日期应与学生毕业日期一致，发证日期即是学历注册提供网上查询的有效日期。

第十九条 学生在校期间修改或变更身份信息的，由学生本人提供合法性证明，学校或省级教育行政部门审核确认后更改，学信网保留更改前的信息。学生要求修改、变更的信息或证明材料涉嫌弄虚作假的不予受理。

学历注册并提供网上查询后，学校不得变更证书内容及注册信息，不再受理学生信息变更事宜。注册信息确有错误的，须经省级教育行政部门审核确认后方可修改。

学历证书遗失的由学校出具相应的证明书并在学历注册信息中标注。

第四章 查询及认证

第二十条 就业指导中心依据复核备案的学籍学历电子注册信息，建立全国高等教育学生学籍学历电子注册数据库，为学生和社会提供查询、验证和认证服务。

第二十一条 学生可免费查询本人身份信息、学籍注册信息、学年注册信息和学历注册信息，也可查询本人学籍档案。社会其他部门及个人可依据学生提供的相关信息对学生身份信息、学籍注册信息、学年注册信息、学历注册信息和学生学籍档案进行查询、验证。

第二十二条 依据全国高等教育学生学籍学历电子注册数据库及相关证明材料，就业指导中心可提供认证服务，对申请人申请认证的学历证书或学籍材料的真实性、合法性、有效性进行认定。认证服务以申请人自愿原则进行。

第五章 监管与责任

第二十三条 各省、自治区、直辖市教育行政部门，各高等学校及其他教育机构、高等教育自学考试机构，应重视学生学籍学历电子注册工作，加强制度建设，规范工作流程，保障信息安全，强化管理与服务。

第二十四条 高等学校、教育行政部门、就业指导中心的采集、录入及管理服务人员应严格按照工作权限规范管理和服务，数据注册、标注、修改等应专人操作，严格遵守岗位制度、认真履行工作程序，确保数据注册及时准确。

第二十五条 各级管理部门及工作人员应依法正确采集、管理和使用学生信息。不得以任何非法形式展示、公布或分发学生身份信息。

第二十六条 对违反国家规定入学的学生，学校不得为其注册学籍和学历，已经注册的应予以注销。

第二十七条 有以下情形的，一经查实，追究有关人员和单位负责人的责任：
（一）以虚假信息注册学籍学历的；
（二）因密钥、密码管理不善造成学生信息违规变更的；
（三）泄漏或将学生信息用于非法目的的；
（四）违反本办法的其他行为。

第六章 附 则

第二十八条 本办法自2014年9月1日起施行。其他有关文件规定与本办法不一致的，以本办法为准。

二、高等学校学生行为准则

教学〔2005〕5号

一、志存高远,坚定信念。努力学习马克思列宁主义、毛泽东思想、邓小平理论和"三个代表"重要思想,面向世界,了解国情,确立在中国共产党领导下走社会主义道路、实现中华民族伟大复兴的共同理想和坚定信念,努力成为有理想、有道德、有文化、有纪律的社会主义新人。

二、热爱祖国,服务人民。弘扬民族精神,维护国家利益和民族团结。不参与违反四项基本原则、影响国家统一和社会稳定的活动。培养同人民群众的深厚感情,正确处理国家、集体和个人三者利益关系,增强社会责任感,甘愿为祖国为人民奉献。

三、勤奋学习,自强不息。追求真理,崇尚科学;刻苦钻研,严谨求实;积极实践,勇于创新;珍惜时间,学业有成。

四、遵纪守法,弘扬正气。遵守宪法、法律法规,遵守校纪校规;正确行使权利,依法履行义务;敬廉崇洁,公道正派;敢于并善于同各种违法违纪行为作斗争。

五、诚实守信,严于律己。履约践诺,知行统一;遵从学术规范,恪守学术道德,不作弊,不剽窃;自尊自爱,自省自律;文明使用互联网;自觉抵制黄、赌、毒等不良诱惑。

六、明礼修身,团结友爱。弘扬传统美德,遵守社会公德,男女交往文明;关心集体,爱护公物,热心公益;尊敬师长,友爱同学,团结合作;仪表整洁,待人礼貌;豁达宽容,积极向上。

七、勤俭节约,艰苦奋斗。热爱劳动,珍惜他人和社会劳动成果;生活俭朴,杜绝浪费;不追求超越自身和家庭实际的物质享受。

八、强健体魄,热爱生活。积极参加文体活动,提高身体素质,保持心理健康;磨砺意志,不怕挫折,提高适应能力;增强安全意识,防止意外事故;关爱自然,爱护环境,珍惜资源。

三、学生伤害事故处理办法

(2002年6月25日教育部令第12号发布)

第一章 总则

第一条 为积极预防、妥善处理在校学生伤害事故,保护学生、学校的合法权益,根据《中华人民共和国教育法》《中华人民共和国未成年人保护法》和其他相关法律、行政法规及有关规定,制定本办法。

第二条 在学校实施的教育教学活动或者学校组织的校外活动中,以及在学校负有管理责任的校舍、场地、其他教育教学设施、生活设施内发生的,造成在校学生人身损害后果的事故的处理,适用本办法。

第三条 学生伤害事故应当遵循依法、客观公正、合理适当的原则,及时、妥善地处理。

第四条 学校的举办者应当提供符合安全标准的校舍、场地、其他教育教学设施和生活设施。

教育行政部门应当加强学校安全工作,指导学校落实预防学生伤害事故的措施,指导、协助学校妥善处理学生伤害事故,维护学校正常的教育教学秩序。

第五条 学校应当对在校学生进行必要的安全教育和自护自救教育;应当按照规定,建立健全安全制度,采取相应的管理措施,预防和消除教育教学环境中存在的安全隐患;当发生伤害事故时,应当及时采取措施救助受伤害学生。

学校对学生进行安全教育、管理和保护,应当针对学生年龄、认知能力和法律行为能力的不同,采用相应的内容和预防措施。

第六条 学生应当遵守学校的规章制度和纪律;在不同的受教育阶段,应当根据自身的年龄、认知能力和法律行为能力,避免和消除相应的危险。

第七条 未成年学生的父母或者其他监护人(以下称为监护人)应当依法履行监护职责,配合学校对学生进行安全教育、管理和保护工作。

学校对未成年学生不承担监护职责,但法律有规定的或者学校依法接受委托承担相应监护职责的情形除外。

第二章 事故与责任

第八条 学生伤害事故的责任,应当根据相关当事人的行为与损害后果之间的因果关系依法确定。

因学校、学生或者其他相关当事人的过错造成的学生伤害事故,相关当事人应当根据其行为过错程度的比例及其与损害后果之间的因果关系承担相应的责任。当事人的行为是损害后果发生的主要原因,应当承担主要责任;当事人的行为是损害后果发生的非主要原因,承担相应的责任。

第九条 因下列情形之一造成的学生伤害事故，学校应当依法承担相应的责任：

（一）学校的校舍、场地、其他公共设施，以及学校提供给学生使用的学具、教育教学和生活设施、设备不符合国家规定的标准，或者有明显不安全因素的；

（二）学校的安全保卫、消防、设施设备管理等安全管理制度有明显疏漏，或者管理混乱，存在重大安全隐患，而未及时采取措施的；

（三）学校向学生提供的药品、食品、饮用水等不符合国家或者行业的有关标准、要求的；

（四）学校组织学生参加教育教学活动或者校外活动，未对学生进行相应的安全教育，并未在可预见的范围内采取必要的安全措施的；

（五）学校知道教师或者其他工作人员患有不适宜担任教育教学工作的疾病，但未采取必要措施的；

（六）学校违反有关规定，组织或者安排未成年学生从事不宜未成年人参加的劳动、体育运动或者其他活动的；

（七）学生有特异体质或者特定疾病，不宜参加某种教育教学活动，学校知道或者应当知道，但未予以必要的注意的；

（八）学生在校期间突发疾病或者受到伤害，学校发现，但未根据实际情况及时采取相应措施，导致不良后果加重的；

（九）学校教师或者其他工作人员体罚或者变相体罚学生，或者在履行职责过程中违反工作要求、操作规程、职业道德或者其他有关规定的；

（十）学校教师或者其他工作人员在负有组织、管理未成年学生的职责期间，发现学生行为具有危险性，但未进行必要的管理、告诫或者制止的；

（十一）对未成年学生擅自离校等与学生人身安全直接相关的信息，学校发现或者知道，但未及时告知未成年学生的监护人，导致未成年学生因脱离监护人的保护而发生伤害的；

（十二）学校有未依法履行职责的其他情形的。

第十条 学生或者未成年学生监护人由于过错，有下列情形之一，造成学生伤害事故，应当依法承担相应的责任：

（一）学生违反法律法规的规定，违反社会公共行为准则、学校的规章制度或者纪律，实施按其年龄和认知能力应当知道具有危险或者可能危及他人的行为的；

（二）学生行为具有危险性，学校、教师已经告诫、纠正，但学生不听劝阻、拒不改正的；

（三）学生或者其监护人知道学生有特异体质，或者患有特定疾病，但未告知学校的；

（四）未成年学生的身体状况、行为、情绪等有异常情况，监护人知道或者已被学校告知，但未履行相应监护职责的；

（五）学生或者未成年学生监护人有其他过错的。

第十一条　学校安排学生参加活动，因提供场地、设备、交通工具、食品及其他消费与服务的经营者，或者学校以外的活动组织者的过错造成的学生伤害事故，有过错的当事人应当依法承担相应的责任。

第十二条　因下列情形之一造成的学生伤害事故，学校已履行了相应职责，行为并无不当的，无法律责任：

（一）地震、雷击、台风、洪水等不可抗的自然因素造成的；

（二）来自学校外部的突发性、偶发性侵害造成的；

（三）学生有特异体质、特定疾病或者异常心理状态，学校不知道或者难于知道的；

（四）学生自杀、自伤的；

（五）在对抗性或者具有风险性的体育竞赛活动中发生意外伤害的；

（六）其他意外因素造成的。

第十三条　下列情形下发生的造成学生人身损害后果的事故，学校行为并无不当的，不承担事故责任；事故责任应当按有关法律法规或者其他有关规定认定：

（一）在学生自行上学、放学、返校、离校途中发生的；

（二）在学生自行外出或者擅自离校期间发生的；

（三）在放学后、节假日或者假期等学校工作时间以外，学生自行滞留学校或者自行到校发生的；

（四）其他在学校管理职责范围外发生的。

第十四条　因学校教师或者其他工作人员与其职务无关的个人行为，或者因学生、教师及其他个人故意实施的违法犯罪行为，造成学生人身损害的，由致害人依法承担相应的责任。

第三章　事故处理程序

第十五条　发生学生伤害事故，学校应当及时救助受伤害学生，并应当及时告知未成年学生的监护人；有条件的，应当采取紧急救援等方式救助。

第十六条　发生学生伤害事故，情形严重的，学校应当及时向主管教育行政部门及有关部门报告；属于重大伤亡事故的，教育行政部门应当按照有关规定及时向同级人民政府和上一级教育行政部门报告。

第十七条　学校的主管教育行政部门应学校要求或者认为必要，可以指导、协助学校进行事故的处理工作，尽快恢复学校正常的教育教学秩序。

第十八条　发生学生伤害事故，学校与受伤害学生或者学生家长可以通过协商方式解决；双方自愿，可以书面请求主管教育行政部门进行调解。

成年学生或者未成年学生的监护人也可以依法直接提起诉讼。

第十九条　教育行政部门收到调解申请，认为必要的，可以指定专门人员进行调解，并应当在受理申请之日起60日内完成调解。

第二十条　经教育行政部门调解，双方就事故处理达成一致意见的，应当在调解人员的见证下签订调解协议，结束调解；在调解期限内，双方不能达成一致意见，或者调解过程中一方提起诉讼，人民法院已经受理的，应当终止调解。

调解结束或者终止，教育行政部门应当书面通知当事人。

第二十一条 对经调解达成的协议，一方当事人不履行或者反悔的，双方可以依法提起诉讼。

第二十二条 事故处理结束，学校应当将事故处理结果书面报告主管的教育行政部门；重大伤亡事故的处理结果，学校主管的教育行政部门应当向同级人民政府和上一级教育行政部门报告。

第四章 事故损害的赔偿

第二十三条 对发生学生伤害事故负有责任的组织或者个人，应当按照法律法规的有关规定，承担相应的损害赔偿责任。

第二十四条 学生伤害事故赔偿的范围与标准，按照有关行政法规、地方性法规或者最高人民法院司法解释中的有关规定确定。

教育行政部门进行调解时，认为学校有责任的，可以依照有关法律法规及国家有关规定，提出相应的调解方案。

第二十五条 对受伤害学生的伤残程度存在争议的，可以委托当地具有相应鉴定资格的医院或者有关机构，依据国家规定的人体伤残标准进行鉴定。

第二十六条 学校对学生伤害事故负有责任的，根据责任大小，适当予以经济赔偿，但不承担解决户口、住房、就业等与救助受伤害学生、赔偿相应经济损失无直接关系的其他事项。

学校无责任的，如果有条件，可以根据实际情况，本着自愿和可能的原则，对受伤害学生给予适当的帮助。

第二十七条 因学校教师或者其他工作人员在履行职务中的故意或者重大过失造成的学生伤害事故，学校予以赔偿后，可以向有关责任人员追偿。

第二十八条 未成年学生对学生伤害事故负有责任的，由其监护人依法承担相应的赔偿责任。

学生的行为侵害学校教师及其他工作人员以及其他组织、个人的合法权益，造成损失的，成年学生或者未成年学生的监护人应当依法予以赔偿。

第二十九条 根据双方达成的协议、经调解形成的协议或者人民法院的生效判决，应当由学校负担的赔偿金，学校应当负责筹措；学校无力完全筹措的，由学校的主管部门或者举办者协助筹措。

第三十条 县级以上人民政府教育行政部门或者学校举办者有条件的，可以通过设立学生伤害赔偿准备金等多种形式，依法筹措伤害赔偿金。

第三十一条 学校有条件的，应当依据保险法的有关规定，参加学校责任保险。

教育行政部门可以根据实际情况，鼓励中小学参加学校责任保险。

提倡学生自愿参加意外伤害保险。在尊重学生意愿的前提下，学校可以为学生参加意外伤害保险创造便利条件，但不得从中收取任何费用。

第五章　事故责任者的处理

第三十二条　发生学生伤害事故，学校负有责任且情节严重的，教育行政部门应当根据有关规定，对学校的直接负责的主管人员和其他直接责任人员，分别给予相应的行政处分；有关责任人的行为触犯刑律的，应当移送司法机关依法追究刑事责任。

第三十三条　学校管理混乱，存在重大安全隐患的，主管的教育行政部门或者其他有关部门应当责令其限期整顿；对情节严重或者拒不改正的，应当依据法律法规的有关规定，给予相应的行政处罚。

第三十四条　教育行政部门未履行相应职责，对学生伤害事故的发生负有责任的，由有关部门对直接负责的主管人员和其他直接责任人员分别给予相应的行政处分；有关责任人的行为触犯刑律的，应当移送司法机关依法追究刑事责任。

第三十五条　违反学校纪律，对造成学生伤害事故负有责任的学生，学校可以给予相应的处分；触犯刑律的，由司法机关依法追究刑事责任。

第三十六条　受伤害学生的监护人、亲属或者其他有关人员，在事故处理过程中无理取闹，扰乱学校正常教育教学秩序，或者侵犯学校、学校教师或者其他工作人员的合法权益的，学校应当报告公安机关依法处理；造成损失的，可以依法要求赔偿。

第六章　附则

第三十七条　本办法所称学校，是指国家或者社会力量举办的全日制的中小学（含特殊教育学校）、各类中等职业学校、高等学校。

本办法所称学生是指在上述学校中全日制就读的受教育者。

第三十八条　幼儿园发生的幼儿伤害事故，应当根据幼儿为完全无行为能力人的特点，参照本办法处理。

第三十九条　其他教育机构发生的学生伤害事故，参照本办法处理。

在学校注册的其他受教育者在学校管理范围内发生的伤害事故，参照本办法处理。

第四十条　本办法自 2002 年 9 月 1 日起实施，原国家教委、教育部颁布的与学生人身安全事故处理有关的规定，与本办法不符的，以本办法为准。

在本办法实施之前已处理完毕的学生伤害事故不再重新处理。

四、普通高等学校学生安全教育及管理暂行规定

教学〔1992〕7号

第一章 总则

第一条 为了加强高等学校管理，维护正常的教学和生活秩序，保障学生人身和财物的安全，促进身心健康发展，特制定本暂行规定。

第二条 高等学校学生安全教育及管理的主要任务是：宣传、贯彻国家有关安全管理工作的方针、政策、法律、法规，对学生实施安全教育及管理，妥善处理各类安全事故，引导学生健康成长。

第三条 高等学校学生安全教育及管理，要以预防为主，本着保护学生、教育先行、明确责任、教管结合、实事求是、妥善处理的原则，做好教育、管理和处理工作。

第四条 本暂行规定所称学生指在普通高等学校学习取得学籍的全日制学生，即按国家任务、用人单位委托培养、自费三种计划形式录取的学生。

第二章 安全教育

第五条 高等学校应将对学生进行安全教育作为一项经常性工作，列入学校工作的重要议事日程，加强领导。学校各部门和有关群众团体或组织要相互配合，积极开展安全教育，普及安全知识，增强学生的安全意识和法制观念，提高防范能力。

第六条 学生安全教育应根据不同专业及青年学生的特点，从学生入学到毕业，在各种教学活动和日常生活中，特别是节假日前适时进行，并善于利用发生的安全事故教育学生，防患于未然。学校应根据环境、季节及有关规律进行防盗、防火、防特、防病、防事故等方面的教育，并使之经常化、制度化。

第七条 高等学校对学生进行安全教育须注重心理疏导，加强思想政治工作，教育学生注意保持健康的心理状态，帮助学生克服因各种原因造成的心理障碍，把事故消除在萌芽状态。

第三章 安全管理

第八条 高等学校要做好学生日常安全管理工作，加强安全防范，建立和健全规章制度，严格管理。学校要把安全教育及管理工作纳入领导任期的责任目标，落实到年级班主任。学校应由一名校领导主要负责。

第九条 高等学校应确定学生安全教育及管理工作的主管部门，明确其职责，具体组织实施安全教育及其管理工作。各有关部门应分工协作，积极配合。

第十条 全体教职工要从关心学生、爱护学生出发，树立安全思想，努力做好本职工作和改善环境与条件，保护学生人身和财产安全。

第十一条 学生发生意外事故以及学生要求保护人身或财物安全等情况时，学校应迅速采取有效措施。

第十二条 学生必须严格遵守国家法律、法规和学校各项规章制度，注意自身的人身和财物安全，防止各种事故的发生。

第十三条 学生在日常教学及各项活动中，应遵守纪律和有关规定，听从指导，服从管理；在公共场所，要遵守社会公德，增强安全防范意识，提高自我保护能力。

第十四条 学生组织集体课外活动，须经学校同意，按学校规定进行。学校须认真进行安全审查，条件不具备时不得批准。

第十五条 学生应严格遵守宿舍管理的规定，自觉维护宿舍的安全与卫生，提高自我管理能力。

第十六条 发现刑事、治安案件或交通、灾害等事故，在场学生应保护现场，及时报告学校或公安部门并协助处理。在学校范围内的，学校应迅速采取措施，控制事态发展，减轻伤害和损失。

第四章 事故处理

第十七条 学生人身和财产发生一般伤害后，学校要及时调查处理，根据当事人或他人的过错，责令其赔偿损失，并给予批评教育或相应的行政、纪律处分。

在校园内，发生学生非正常死亡、重伤或被窃、失火等造成财产重大损失事故后，学校应迅速采取措施进行抢救、保护现场，同时加强思想政治工作，稳定情绪，恢复秩序，并协同地方有关部门妥善处理。

第十八条 学校对事故调查后认为涉及追究刑事责任的，要及时与公安部门联系，协助调查处理。

重大事故学校有关领导应亲自参与调查工作，并认真研究调查报告，及时处理。

第十九条 在安全管理或事故处理过程中，学校认为有必要需搜查学生住处，须报请公安部门依法进行。调查处理案件中要以事实为依据，不得逼供或诱供。

第二十条 重大事故发生后，学校应在一天内向所在省、直辖市、自治区有关主管部门报告，并及时通知学生家长。事故处理结束后一周内书面报告有关主管部门。

第二十一条 学生在教学、实习过程与日常生活中，因学校或有关单位责任发生死亡、重伤或残疾，由学校或有关单位承担责任，做好处理及善后工作。

在教学、实习过程与日常生活中，学生因不遵守纪律或不按要求活动而发生意外事故，学校不承担责任。

第二十二条 因忽视安全生产、管理不善；工作不负责任，违章指挥；玩忽职守，徇私舞弊等对学生造成严重的人身、财物损害的，由其所在单位或上级主管部门，视具体情况对有关责任人员分别给予责令检查、赔偿损失、行政处分，直至依法追究刑事责任。

第二十三条 学生未经批准擅自离校不归发生意外事故的，学校不承担责任。对擅自离校不归，学校不知去向的学生，学校应及时寻找并报告当地公安部门，及时通知学生家长。半月不归且未说明原因者，学校可张榜公布，按自动退学除名。

第二十四条 学生假期或办理离校手续后发生意外事故的，学校不承担责任。

第二十五条 在校内正常生活及由学校在校外组织的活动中，由于不能避免的原因或自然灾害而发生的事故，由学校视具体情况处理。

第二十六条 有条件的高等学校可为学生办理人身保险。

第二十七条 凡经学校指定的专业医院确诊为精神病、癫痫病患者的学生，应予退学，由其监护人负责领回。学生及其监护人不得无理纠缠，扰乱学校教学、生活秩序。

第二十八条 因事故伤残的学生，经治疗后病情稳定，学校认为生活能自理，能坚持在校学习，可留校继续学习；不能坚持在校学习者，应予退学，由学校按其实际学习年限发给肄业证书，并根据事故性质和伤残程度一次性给予适当经济补助。退学学生回其监护人所在地，当地民政等有关部门应协助做好接收、落户等工作，由当地劳动部门按照国家关于残疾人劳动就业有关规定安置。

第二十九条 学生因病死亡和责任不由学校承担的意外死亡，学校不承担丧葬费。如家庭确有困难者，学校可酌情予以一次性经济补助。

第三十条 因责任不在本人的意外死亡学生，由学校或有关单位参照国家关于事业单位职工死亡丧葬有关规定处理，负担丧葬费的全部，学校可一次性给予适当经济补助。

无论何种情况（事故）给予的经济补助，一般不超过国家规定的学生在校期间（以四年计）的平均奖学金数。

凡是事故责任由学校以外的其他单位、个人承担的，学校不再给予经济补助。

第三十一条 因保护国家财产和他人人身安全，见义勇为而致残或英勇牺牲的学生，学校应报请所在省、自治区、直辖市人民政府授予荣誉称号，并给予相应的待遇。

第三十二条 对事故处理不服或持有异议者，可向学校或学校上一级部门申诉，或者依法向人民法院提起民事诉讼。

第五章　附则

第三十三条 普通高等学校研究生事故处理，参照本办法执行。

第三十四条 本暂行规定结合《普通高等学校学生管理规定》《高等学校校园秩序管理若干规定》执行。

第三十五条 各省、自治区、直辖市教育行政部门和各高等学校可根据本暂行规定制定实施细则。

第三十六条 本暂行规定由国家教育部解释。

第三十七条 本暂行规定自发布之日起试行。

五、高校学生获得学籍及毕业证书政策告知

一、高校学生指具有所在学校〔含承担研究生培养任务的科研机构〕学籍的博士研究生、硕士研究生、本科生、专科〔高职〕生。

二、按国家招生规定经省级招生办公室办理录取手续，持学校录取通知书入学，经录取学校复查合格的学生取得学籍。

三、自2007年始，国家实行普通高等学校本专科新生学籍电子注册制度，对取得学籍的学生实行学籍电子注册。注册规则是：教育部将全国录取新生数据分发至学校所在地省级教育行政部门，高校向所在地省级教育行政部门核对本校新生名单后予以注册，省级教育行政部门将注册新生数据报教育部审核备案。

四、普通高等学校和省级教育行政部门分别在各指定网站公布已注册新生学籍信息，学生可进入网站查询本人学籍注册情况。省、校两级网站中无学生信息者即无学籍，不能获得国家承认的学历证书。

五、国家实行学业证书制度。高校学生修完教学计划规定课程考核合格准予毕业者，获得毕业证书。毕业证书内容由国家规定，种类如下（与本校无关的证书种类略）：

普通高等学校本、专科毕业证书

普通高等学校
毕业证书

学生　　性别　　年　月　日生，于　年　月至　年　月在本校　　专业　年制本（专或高职）科学习，修完教学计划规定的全部课程，成绩合格，准予毕业。

校名：　　校（院）长：

证书编号：　　年　月　日

五年一贯制专科〔高职〕毕业证书

普通高等学校
毕业证书

学生　　性别　　年　月　日生，于　年　月至　年　月在本校　　专业五年一贯制专科（高职）学习，修完教学计划规定的全部课程，成绩合格，准予毕业。

校名：　　校（院）长：

证书编号：　　年　月　日

六、国家实行学历证书电子注册制度。高校颁发的毕业证书报所在地省级教育行政部门依据入学时学籍电子注册数据审核注册后，报教育部审核备案并提供网上查询〔中国高等教育学生信息网，网址：http://www.chsi.com.cn〕。经电子注册的毕业证书国家予以承认和保护，未经电子注册的国家不予承认。

教育部高校学生司
二〇〇七年九月

六、吉林省普通高等学校学生档案管理办法（试行）

(2018年12月5日吉林省教育厅办公室〔2018〕30号文件印发)

第一章　总则

第一条　为进一步加强学生档案收集和管理工作，提高档案管理水平，有效保护和利用档案，促使我省普通高校学生档案管理工作规范化、制度化。根据《中华人民共和国档案法》、教育部《高等学校档案管理办法》的相关规定，结合我省实际，制定本办法。

第二条　学生档案是学生在校期间形成的，反映学生德、智、体、美、劳及家庭政治、经济状况的个人档案材料。学生档案是学校培养、教育学生过程中形成的第一手资料，是党和国家选拔录用人才的重要参考依据。

学生档案管理是指对反映学生个人经历和德、智、体、美、劳等各方面表现的各种文件材料进行收集、整理、归（建）档和保管，以及学生档案的利用、转递等管理工作。

第三条　学生档案工作是高校档案工作的重要组成部分，学生档案管理必须实行集中统一管理的原则，确保学生档案的完整、准确、系统、安全。

第四条　学生档案工作必须坚持以马克思列宁主义、毛泽东思想、邓小平理论、"三个代表"重要思想、科学发展观、习近平新时代中国特色社会主义思想为指导，坚持科学管理、改革创新，服务广大青年学生，服务新时代中国特色社会主义伟大事业。

第二章　档案管理机构与职责

第五条　高校要加强对学生档案工作的领导，分管档案工作的校领导要将学生档案管理工作纳入重要议事日程，定期研究、检查学生档案工作，为学生档案管理创造良好的工作环境和条件。

第六条　学生档案种类多，流动性强，利用率高，工作量大。为加强管理，学校应根据学生数量成立学生档案管理机构，配备专职人员负责学生档案管理工作。有档案馆的高校，原则上应在档案馆下设专门学生档案科室统一管理。档案数量较少的单位，也应当设置专用房间保管档案。阅档场所、整理场所、办公场所应当分开。

第七条　普通高校本（专）科新生档案，由招生就业部门统一接收、汇总、整理后按专业登记造册（一式两份）移交学生档案管理部门。博士、硕士研究生入学档案由研究生部门统一接收、汇总、整理后按专业登记造册（一式两份），移交档案管理部门。

第八条　学生档案管理部门工作职责

（一）接收、鉴别和整理学生档案材料；

（二）办理学生档案的查阅、借阅；

（三）办理学生档案的转递，为有关部门提供学生情况；

（四）做好学生档案的安全、保密、保管工作；

（五）制定和完善学生档案管理规章制度，做好学生档案分析统计工作；

（六）办理其他有关学生档案事项。

第九条 高校学生档案管理人员应遵纪守法，爱岗敬业，忠于职守，具备档案业务知识和相应的科学文化知识以及现代化管理技能。

第三章 档案归档范围及内容

第十条 为适应国家人事工作需要，在校期间学生档案应及时收集、整理，不断充实完善。毕业时学生档案一般应包含以下材料：

（一）入学材料：招收入学的本（专）科学生档案材料，一般应包括高中学籍卡、高中毕业生登记表、高考体检表、高考报名登记表、高考志愿表、新生入学登记表、入团（入党）申请书及志愿书等材料。

招收入学的研究生除原个人档案应有材料外，还应包括报考攻读硕士学位研究生登记表、推荐免试攻读硕士学位研究生登记表、报考攻读博士学位研究生登记表、推荐免试直接攻读博士学位登记表等材料。

（二）学习材料：各学习阶段主修、选修、辅修的各科类课程学习成绩登记表等材料。

（三）学籍材料：各学习阶段结业、肄业、退学、休学、转学、保留入学资格、复学等变更材料。

（四）鉴定材料：各学习阶段学年鉴定表、军训鉴定表、品行鉴定等材料。

（五）实习材料：各学习阶段实习鉴定表、实习报告等材料。

（六）毕业材料：高校毕业生（毕业研究生）登记表、毕业生（毕业研究生）就业通知书等材料。

（七）学位材料：各学习阶段学位申请、授予等材料。

（八）奖励材料：各学习阶段获得的各级表彰奖励材料，包括各类奖学金登记表及其他荣誉表彰证明材料。

（九）处分材料：在校期间违反校纪校规、触犯国家法律等形成的各类处分材料。

（十）组织材料：入党（入团）申请书、志愿书、自传、入党积极分子考察表、政审材料、思想汇报、预备党员转正申请书、党团组织形成的其他有关材料；参加民主党派的申请书、登记表等材料。

（十一）体检材料：入学体检表、学年体检表、毕业生（毕业研究生）体检表等材料。

（十二）出国（出境）材料：因公（私）出国（出境）审查表、备案表，在国（境）外学习、进修情况或鉴定等材料。

（十三）应征入伍等其他具有保存价值、应予归档的学生个人材料。

第四章 档案收集与管理

第十一条 学生档案形成部门要重视学生档案的日常收集、积累工作，要将实际反映学生德、智、体、美、劳方面的材料及时收集归档。

第十二条 学生档案管理人员要将收集的材料认真鉴别，属于归档的材料必须做到真实、完整、齐全、文字清楚，并经组织审查盖章后方能归档。

第十三条 不属于规定归档的材料，经过鉴别，可视情况分别处理，凡不应归档的退还形成材料的单位处理。

第十四条 凡收集的归档材料，要按归档内容分类整理。档案入库前，要更换统一和规范的学生档案袋。

第十五条 学生档案材料，不能用圆珠笔、铅笔或红色及纯蓝色墨水和复写纸书写。

第十六条 学生档案信息记载要准确、规范。要求在填写学生登记表、毕业证、学位证、毕业生报到证等各种涉及学生个人信息的材料时，姓名与身份证号应真实、一致；各种表格上反映声像特征的照片要求是近照；反映父母、亲属政治面貌、工作单位、住址、邮编、电话等情况的文字材料要真实清楚。

第十七条 研究生录取时，应将其考研前的人事档案材料收集齐全，移交学校学生档案管理部门，档案管理部门要对归档的档案进行认真的清理和签收。

第十八条 因病休学学生的档案应当作非在校学生档案妥善保存，复学后，应及时将其档案按所在班级重新归入在校生档案。

第十九条 留级的学生档案，每学年在接到教务处通知后，立即将其档案转到所留班级并登入班级名册，将原来所在班级的名字注销并说明原因。

第二十条 退学的学生档案，按其有关规定将其档案转给有关的人事部门保管。

第二十一条 学生在受刑事处分期间，其档案由学校学生档案管理部门保管，刑满释放或重新就业的，档案即按有关规定转入其所在单位或居住地的人事部门保管。

第二十二条 学生出国不归、失踪、逃亡，其档案仍由学校档案馆保管。

第五章 档案保管与保护

第二十三条 根据安全保密和便于查找的原则，要对学生档案进行严密、科学地保管。

（一）学生档案要有专门的库房，要用铁皮档案柜存放，要有防火、防潮、防高温、防盗、防光、防鼠等设施，上述安全设施应定期检查。

（二）要保持库房的清洁和库房内适宜的温度、湿度。

（三）保管学生档案应建立登记和统计制度，每年核对一次，发现问题及时解决。

第二十四条 学生档案管理部门要不断研究和改进学生档案的管理方法和保护技术，逐步实现科学化、标准化和现代化管理。

第六章 档案利用

第二十五条 因工作需要查阅和借阅学生档案，必须遵守下列规定：

（一）凡到档案管理部门查阅学生档案者，须持有关部门开具的介绍信，档案管理部门要根据规定和需要提供利用服务。

（二）学生档案一般不外借，必须外借时，须说明正当理由，并经学校档案管理部门主要领导签字批准后方可出馆。

（三）查阅、借用学生档案必须遵守保密制度和阅档规定，严禁拆卸、涂改、圈划、折叠、批注、抽取、撤换档案材料，若出现此类问题按有关规定处理。

（四）学校档案管理部门要为毕业生就业提供方便，毕业生就业部门需要查阅毕业生档案的，经学生毕业就业管理部门负责人签字批准后可以查阅。

第七章　档案转递

第二十六条　学生毕业后，学校档案管理部门应及时将毕业生档案寄送至毕业生就业报到证上的就业单位或生源地公共人才服务机构。

第二十七条　本科毕业生考取外校研究生，学校应及时通知档案室将档案转至录取院校。

第二十八条　严格执行学生档案转递制度，避免产生"无头档案"，转递学生档案时应遵守下列规定：

（一）学生档案应通过机要转递，不得由学生本人自带。

（二）转出的档案必须完整、齐全，不得扣留材料或分批转出。

（三）转出的学生档案必须按"档案转递三联单"的项目详细填写，严密包封。

第八章　考核、奖励与处罚

第二十九条　高校学生档案管理部门应建立检查、考核和评估制度，明确岗位职责。对表现突出的部门和人员以及重要的科研成果、管理成果给予表彰奖励。

第三十条　有下列行为之一的，高校应对直接负责的主管人员和其他直接责任人员依规给予处分；构成犯罪的，由司法机关依法追究刑事责任。

（一）玩忽职守，造成档案损坏、丢失或者擅自销毁档案的；

（二）违反保密规定，擅自提供、抄录、公布档案的；

（三）涂改、伪造档案的；

（四）擅自出卖、赠送、交换档案的；

（五）不按规定归档，拒绝归档或者将档案据为己有的；

（六）其他违反档案法律法规的行为。

第九章　附则

第三十一条　本办法适用于普通高等学校、研究生培养单位全日制在校学生档案管理，成人、自考、网络等学历教育的学生档案管理可参照本办法执行。

第三十二条　高等学校根据本办法制订实施办法。

第三十三条　本办法由吉林省教育厅负责解释。

第三十四条　本办法自发布之日起试行。

七、国家教育考试违规处理办法

(2004年5月19日中华人民共和国教育部令第18号发布,根据2012年1月5日《教育部关于修改〈国家教育考试违规处理办法〉的决定》修正)

第一章 总则

第一条 为规范对国家教育考试违规行为的认定与处理,维护国家教育考试的公平、公正,保障参加国家教育考试的人员(以下简称考生)、从事和参与国家教育考试工作的人员(以下简称考试工作人员)的合法权益,根据《中华人民共和国教育法》及相关法律、行政法规,制定本办法。

第二条 本办法所称国家教育考试是指普通和成人高等学校招生考试、全国硕士研究生招生考试、高等教育自学考试等,由国务院教育行政部门确定实施,由经批准的实施教育考试的机构承办,面向社会公开、统一举行,其结果作为招收学历教育学生或者取得国家承认学历、学位证书依据的测试活动。

第三条 对参加国家教育考试的考生以及考试工作人员、其他相关人员,违反考试管理规定和考场纪律,影响考试公平、公正行为的认定与处理,适用本办法。

对国家教育考试违规行为的认定与处理应当公开公平、合法适当。

第四条 国务院教育行政部门及地方各级人民政府教育行政部门负责全国或者本地区国家教育考试组织工作的管理与监督。

承办国家教育考试的各级教育考试机构负责有关考试的具体实施,依据本办法,负责对考试违规行为的认定与处理。

第二章 违规行为的认定与处理

第五条 考生不遵守考场纪律,不服从考试工作人员的安排与要求,有下列行为之一的,应当认定为考试违纪:

(一)携带规定以外的物品进入考场或者未放在指定位置的;

(二)未在规定的座位参加考试的;

(三)考试开始信号发出前答题或者考试结束信号发出后继续答题的;

(四)在考试过程中旁窥、交头接耳、互打暗号或者手势的;

(五)在考场或者教育考试机构禁止的范围内,喧哗、吸烟或者实施其他影响考场秩序的行为的;

(六)未经考试工作人员同意在考试过程中擅自离开考场的;

(七)将试卷、答卷(含答题卡、答题纸等,下同)、草稿纸等考试用纸带出考场的;

(八)用规定以外的笔或者纸答题或者在试卷规定以外的地方书写姓名、考号或者以其他方式在答卷上标记信息的;

（九）其他违反考场规则但尚未构成作弊的行为。

第六条 考生违背考试公平、公正原则，在考试过程中有下列行为之一的，应当认定为考试作弊：

（一）携带与考试内容相关的材料或者存储有与考试内容相关资料的电子设备参加考试的；

（二）抄袭或者协助他人抄袭试题答案或者与考试内容相关的资料的；

（三）抢夺、窃取他人试卷、答卷或者胁迫他人为自己抄袭提供方便的；

（四）携带具有发送或者接收信息功能的设备的；

（五）由他人冒名代替参加考试的；

（六）故意销毁试卷、答卷或者考试材料的；

（七）在答卷上填写与本人身份不符的姓名、考号等信息的；

（八）传、接物品或者交换试卷、答卷、草稿纸的；

（九）其他以不正当手段获得或者试图获得试题答案、考试成绩的行为。

第七条 教育考试机构、考试工作人员在考试过程中或者在考试结束后发现下列行为之一的，应当认定相关的考生实施了考试作弊行为：

（一）通过伪造证件、证明、档案及其他材料获得考试资格、加分资格和考试成绩的；

（二）评卷过程中被认定为答案雷同的；

（三）考场纪律混乱、考试秩序失控，出现大面积考试作弊现象的；

（四）考试工作人员协助实施作弊行为，事后查实的；

（五）其他应认定为作弊的行为。

第八条 考生及其他人员应当自觉维护考试秩序，服从考试工作人员的管理，不得有下列扰乱考试秩序的行为：

（一）故意扰乱考点、考场、评卷场所等考试工作场所秩序；

（二）拒绝、妨碍考试工作人员履行管理职责；

（三）威胁、侮辱、诽谤、诬陷或者以其他方式侵害考试工作人员、其他考生合法权益的行为；

（四）故意损坏考场设施设备；

（五）其他扰乱考试管理秩序的行为。

第九条 考生有第五条所列考试违纪行为之一的，取消该科目的考试成绩。

考生有第六条、第七条所列考试作弊行为之一的，其所报名参加考试的各阶段、各科成绩无效；参加高等教育自学考试的，当次考试各科成绩无效。

有下列情形之一的，可以视情节轻重，同时给予暂停参加该项考试 1 至 3 年的处理；情节特别严重的，可以同时给予暂停参加各种国家教育考试 1 至 3 年的处理：

（一）组织团伙作弊的；

（二）向考场外发送、传递试题信息的；

（三）使用相关设备接收信息实施作弊的；

（四）伪造、变造身份证、准考证及其他证明材料，由他人代替或者代替考生参加考试的。

参加高等教育自学考试的考生有前款严重作弊行为的，也可以给予延迟毕业时间1至3年的处理，延迟期间考试成绩无效。

第十条 考生有第八条所列行为之一的，应当终止其继续参加本科目考试，其当次报名参加考试的各科成绩无效；考生及其他人员的行为违反《中华人民共和国治安管理处罚法》的，由公安机关进行处理；构成犯罪的，由司法机关依法追究刑事责任。

第十一条 考生以作弊行为获得的考试成绩并由此取得相应的学位证书、学历证书及其他学业证书、资格资质证书或者入学资格的，由证书颁发机关宣布证书无效，责令收回证书或者予以没收；已经被录取或者入学的，由录取学校取消录取资格或者其学籍。

第十二条 在校学生、在职教师有下列情形之一的，教育考试机构应当通报其所在学校，由学校根据有关规定严肃处理，直至开除学籍或者予以解聘：

（一）代替考生或者由他人代替参加考试的；

（二）组织团伙作弊的；

（三）为作弊组织者提供试题信息、答案及相应设备等参与团伙作弊行为的。

第十三条 考试工作人员应当认真履行工作职责，在考试管理、组织及评卷等工作过程中，有下列行为之一的，应当停止其参加当年及下一年度的国家教育考试工作，并由教育考试机构或者建议其所在单位视情节轻重分别给予相应的行政处分：

（一）应回避考试工作却隐瞒不报的；

（二）擅自变更考试时间、地点或者考试安排的；

（三）提示或暗示考生答题的；

（四）擅自将试题、答卷或者有关内容带出考场或者传递给他人的；

（五）未认真履行职责，造成所负责考场出现秩序混乱、作弊严重或者视频录像资料损毁、视频系统不能正常工作的；

（六）在评卷、统分中严重失职，造成明显的错评、漏评或者积分差错的；

（七）在评卷中擅自更改评分细则或者不按评分细则进行评卷的；

（八）因未认真履行职责，造成所负责考场出现雷同卷的；

（九）擅自泄露评卷、统分等应予保密的情况的；

（十）其他违反监考、评卷等管理规定的行为。

第十四条 考试工作人员有下列作弊行为之一的，应当停止其参加国家教育考试工作，由教育考试机构或者其所在单位视情节轻重分别给予相应的行政处分，并调离考试工作岗位；情节严重，构成犯罪的，由司法机关依法追究刑事责任：

（一）为不具备参加国家教育考试条件的人员提供假证明、证件、档案，使其取得考试资格或者考试工作人员资格的；

（二）因玩忽职守，致使考生未能如期参加考试的或者使考试工作遭受重大损失的；

（三）利用监考或者从事考试工作之便，为考生作弊提供条件的；

（四）伪造、变造考生档案（含电子档案）的；

（五）在场外组织答卷、为考生提供答案的；

（六）指使、纵容或者伙同他人作弊的；

（七）偷换、涂改考生答卷、考试成绩或者考场原始记录材料的；

（八）擅自更改或者编造、虚报考试数据、信息的；

（九）利用考试工作便利，索贿、受贿、以权徇私的；

（十）诬陷、打击报复考生的。

第十五条 因教育考试机构管理混乱、考试工作人员玩忽职守，造成考点或者考场纪律混乱，作弊现象严重；或者同一考点同一时间的考试有 1/5 以上考场存在雷同卷的，由教育行政部门取消该考点当年及下一年度承办国家教育考试的资格；高等教育自学考试考区内一个或者一个以上专业考试纪律混乱，作弊现象严重，由高等教育自学考试管理机构给予该考区警告或者停考该考区相应专业 1 至 3 年的处理。

对出现大规模作弊情况的考场、考点的相关责任人、负责人及所属考区的负责人，有关部门应当分别给予相应的行政处分；情节严重，构成犯罪的，由司法机关依法追究刑事责任。

第十六条 违反保密规定，造成国家教育考试的试题、答案及评分参考（包括副题及其答案及评分参考，下同）丢失、损毁、泄密，或者使考生答卷在保密期限内发生重大事故的，由有关部门视情节轻重，分别给予责任人和有关负责人行政处分；构成犯罪的，由司法机关依法追究刑事责任。

盗窃、损毁、传播在保密期限内的国家教育考试试题、答案及评分参考、考生答卷、考试成绩的，由有关部门依法追究有关人员的责任；构成犯罪的，由司法机关依法追究刑事责任。

第十七条 有下列行为之一的，由教育考试机构建议行为人所在单位给予行政处分；违反《中华人民共和国治安管理处罚法》的，由公安机关依法处理；构成犯罪的，由司法机关依法追究刑事责任：

（一）指使、纵容、授意考试工作人员放松考试纪律，致使考场秩序混乱、作弊严重的；

（二）代替考生或者由他人代替参加国家教育考试的；

（三）组织或者参与团伙作弊的；

（四）利用职权，包庇、掩盖作弊行为或者胁迫他人作弊的；

（五）以打击、报复、诬陷、威胁等手段侵犯考试工作人员、考生人身权利的；

（六）向考试工作人员行贿的；

（七）故意损坏考试设施的；

（八）扰乱、妨害考场、评卷点及有关考试工作场所秩序后果严重的。

国家工作人员有前款行为的，教育考试机构应当建议有关纪检、监察部门，根据有关规定从重处理。

第三章 违规行为认定与处理程序

第十八条 考试工作人员在考试过程中发现考生实施本办法第五条、第六条所列考试违纪、作弊行为的，应当及时予以纠正并如实记录；对考生用于作弊的材料、工具等，应予暂扣。

考生违规记录作为认定考生违规事实的依据，应当由2名以上监考员或者考场巡视员、督考员签字确认。

考试工作人员应当向违纪考生告知违规记录的内容，对暂扣的考生物品应填写收据。

第十九条 教育考试机构发现本办法第七条、第八条所列行为的，应当由2名以上工作人员进行事实调查，收集、保存相应的证据材料，并在调查事实和证据的基础上，对所涉及考生的违规行为进行认定。

考试工作人员通过视频发现考生有违纪、作弊行为的，应当立即通知在现场的考试工作人员，并应当将视频录像作为证据保存。教育考试机构可以通过视频录像回放，对所涉及考生违规行为进行认定。

第二十条 考点汇总考生违规记录，汇总情况经考点主考签字认定后，报送上级教育考试机构依据本办法的规定进行处理。

第二十一条 考生在普通和成人高等学校招生考试、高等教育自学考试中，出现第五条所列考试违纪行为的，由省级教育考试机构或者市级教育考试机构做出处理决定，由市级教育考试机构做出的处理决定应报省级教育考试机构备案；出现第六条、第七条所列考试作弊行为的，由市级教育考试机构签署意见，报省级教育考试机构处理，省级教育考试机构也可以要求市级教育考试机构报送材料及证据，直接进行处理；出现本办法第八条所列扰乱考试秩序行为的，由市级教育考试机构签署意见，报省级教育考试机构按照前款规定处理，对考生及其他人员违反治安管理法律法规的行为，由当地公安部门处理；评卷过程中发现考生有本办法第七条所列考试作弊行为的，由省级教育考试机构做出处理决定，并通知市级教育考试机构。

考生在参加全国硕士研究生招生考试中的违规行为，由组织考试的机构认定，由相关省级教育考试机构或者受其委托的组织考试的机构做出处理决定。

在国家教育考试考场视频录像回放审查中认定的违规行为，由省级教育考试机构认定并做出处理决定。

参加其他国家教育考试考生违规行为的处理由承办有关国家教育考试的考试机构参照前款规定具体确定。

第二十二条 教育行政部门和其他有关部门在考点、考场出现大面积作弊情况或者需要对教育考试机构实施监督的情况下，应当直接介入调查和处理。

发生第十四、十五、十六条所列案件，情节严重的，由省级教育行政部门会同有关部门共同处理，并及时报告国务院教育行政部门；必要时，国务院教育行政部门参与或者直接进行处理。

第二十三条　考试工作人员在考场、考点及评卷过程中有违反本办法的行为的，考点主考、评卷点负责人应当暂停其工作，并报相应的教育考试机构处理。

第二十四条　在其他与考试相关的场所违反有关规定的考生，由市级教育考试机构或者省级教育考试机构做出处理决定；市级教育考试机构做出的处理决定应报省级教育考试机构备案。

在其他与考试相关的场所违反有关规定的考试工作人员，由所在单位根据市级教育考试机构或者省级教育考试机构提出的处理意见，进行处理，处理结果应当向提出处理的教育考试机构通报。

第二十五条　教育考试机构在对考试违规的个人或者单位做出处理决定前，应当复核违规事实和相关证据，告知被处理人或者单位做出处理决定的理由和依据；被处理人或者单位对所认定的违规事实认定存在异议的，应当给予其陈述和申辩的机会。

给予考生停考处理的，经考生申请，省级教育考试机构应当举行听证，对作弊的事实、情节等进行审查、核实。

第二十六条　教育考试机构做出处理决定应当制作考试违规处理决定书，载明被处理人的姓名或者单位名称、处理事实根据和法律依据、处理决定的内容、救济途径以及做出处理决定的机构名称和做出处理决定的时间。

考试违规处理决定书应当及时送达被处理人。

第二十七条　考生或者考试工作人员对教育考试机构做出的违规处理决定不服的，可以在收到处理决定之日起15日内，向其上一级教育考试机构提出复核申请；对省级教育考试机构或者承办国家教育考试的机构做出的处理决定不服的，也可以向省级教育行政部门或者授权承担国家教育考试的主管部门提出复核申请。

第二十八条　受理复核申请的教育考试机构、教育行政部门应对处理决定所认定的违规事实和适用的依据等进行审查，并在受理后30日内，按照下列规定做出复核决定：

（一）处理决定认定事实清楚、证据确凿，适用依据正确，程序合法，内容适当的，决定维持；

（二）处理决定有下列情况之一的，决定撤销或者变更：

1. 违规事实认定不清、证据不足的；
2. 适用依据错误的；
3. 违反本办法规定的处理程序的。

做出决定的教育考试机构对因错误的处理决定给考生造成的损失，应当予以补救。

第二十九条　申请人对复核决定或者处理决定不服的，可以依法申请行政复议或者提起行政诉讼。

第三十条 教育考试机构应当建立国家教育考试考生诚信档案,记录、保留在国家教育考试中作弊人员的相关信息。国家教育考试考生诚信档案中记录的信息未经法定程序,任何组织、个人不得删除、变更。

国家教育考试考生诚信档案可以依申请接受社会有关方面的查询,并应当及时向招生学校或单位提供相关信息,作为招生参考条件。

第三十一条 省级教育考试机构应当及时汇总本地区违反规定的考生及考试工作人员的处理情况,并向国家教育考试机构报告。

第四章 附则

第三十二条 本办法所称考场是指实施考试的封闭空间;所称考点是指设置若干考场独立进行考务活动的特定场所;所称考区是指由省级教育考试机构设置,由若干考点组成,进行国家教育考试实施工作的特定地区。

第三十三条 非全日制攻读硕士学位全国考试、中国人民解放军高等教育自学考试及其他各级各类教育考试的违规处理可以参照本办法执行。

第三十四条 本办法自发布之日起施行。此前教育部颁布的各有关国家教育考试的违规处理规定同时废止。

下篇

学生手册篇

一、吉林交通职业技术学院学生管理规定

第一章 总 则

第一条 为规范我校学生管理行为，维护学校正常的教育教学秩序和生活秩序，保障学生合法权益，培养德、智、体、美、劳等方面全面发展的社会主义建设者和接班人，依据《普通高等学校学生管理规定》以及有关法律、法规，制定本规定。

第二条 本规定适用于吉林交通职业技术学院对在籍学生的管理。

第三条 我校始终坚持社会主义办学方向，坚持马克思主义的指导地位，全面贯彻国家教育方针；始终坚持以立德树人为根本，以理想信念教育为核心，培育和践行社会主义核心价值观，弘扬中华优秀传统文化和革命文化、社会主义先进文化，培养学生的社会责任感、创新精神和实践能力；始终坚持依法治校，科学管理，健全和完善管理制度，规范管理行为，将管理与育人相结合，不断提高管理和服务水平。

第四条 学生应当拥护中国共产党领导，努力学习马克思列宁主义、毛泽东思想、中国特色社会主义理论体系，深入学习习近平总书记系列重要讲话精神和治国理政的新理念新思想新战略，坚定中国特色社会主义道路自信、理论自信、制度自信、文化自信，树立中国特色社会主义共同理想；应当树立爱国主义思想，具有团结统一、爱好和平、勤劳勇敢、自强不息的精神；应当增强法治观念，遵守宪法、法律、法规，遵守公民道德规范，遵守学校管理制度，具有良好的道德品质和行为习惯；应当刻苦学习，勇于探索，积极实践，努力掌握现代科学文化知识和专业技能；应当积极锻炼身体，增进身心健康，提高个人修养，培养审美情趣。

第五条 实施学生管理，尊重和保护学生的合法权利，教育和引导学生承担应尽的义务与责任，鼓励和支持学生实行自我管理、自我服务、自我教育、自我监督。

第二章 学生的权利与义务

第六条 学生在校期间依法享有下列权利：

（一）参加学校教育教学计划安排的各项活动，使用学校提供的教育教学资源；

（二）参加社会实践、志愿服务、勤工助学、文娱体育及科技文化创新等活动，获得就业创业指导和服务；

（三）申请奖学金、助学金及助学贷款；

（四）在思想品德、学业成绩等方面获得科学、公正评价，完成学校规定学业后获得相应的学历证书；

（五）在校内组织、参加学生团体，以适当方式参与学校管理，对学校与学生权益相关事务享有知情权、参与权、表达权和监督权；

（六）对学校给予的处理或者处分有异议，向学校、教育行政部门提出申诉，对学校、教职员工侵犯其人身权、财产权等合法权益的行为，提出申诉或者依法提起诉讼；

（七）法律、法规及学校章程规定的其他权利。

第七条 学生在校期间依法履行下列义务：

（一）遵守宪法和法律、法规；

（二）遵守学校章程和规章制度；

（三）恪守学术道德，完成规定学业；

（四）按规定缴纳学费及有关费用，履行获得贷学金及助学金的相应义务；

（五）遵守学生行为规范，尊敬师长，养成良好的思想品德和行为习惯；

（六）法律、法规及学校章程规定的其他义务。

第三章 学籍管理

第一节 入学与注册

第八条 按国家招生规定录取的新生，必须持录取通知书和有效身份证件，按学校有关要求和规定的期限到校办理入学手续。因故不能按期入学的，应当向学校招生部门请假。未请假或者请假逾期 2 周以上的，除因不可抗力等正当事由以外，视为放弃入学资格。

第九条 学校招生部门在报到时对新生入学资格进行初步审查，审查合格的办理入学手续，由学生处予以注册学籍；审查发现新生的录取通知、考生信息等证明材料，与本人实际情况不符，或者有其他违反国家招生考试规定情形的，取消入学资格。

第十条 新生可以在学校规定的报到日期前一周申请保留入学资格。保留入学资格期间不具有学籍。新生申请保留入学资格由学校招生部门负责办理。因参军保留入学资格，须学生本人携带录取通知书、入伍通知书、身份证复印件、保留入学资格申请表，到校办理，入学资格保留至退伍后 2 年；因病保留入学资格的，须由学生本人携带录取通知书、有效身份证件及经学校认可的二级甲等以上医院的诊断证明到校办理，入学资格每次申请可保留 1 年，累计最长期限为 3 年；因创业保留入学资格的，须学生本人携带录取通知书、有效身份证件及本人创业相关证明材料，入学资格每次申请可保留 2 年，累计最长期限为 5 年。由代理人代为办理的还需携带代理人有效证件。

新生保留入学资格期满前应向学校申请入学，经学校审查合格后，办理入学手续。审查不合格的，取消入学资格；逾期 2 周以上不办理入学手续且未有因不可抗力延迟等正当理由的，视为放弃入学资格。

第十一条 学生入学后，学校在 3 个月内按照国家招生规定进行复查。复查内容主要包括以下方面：

（一）录取手续及程序等是否合乎国家招生规定；

（二）所获得的录取资格是否真实、合乎相关规定；

（三）本人及身份证明与录取通知、考生档案等是否一致；

（四）身心健康状况是否符合报考专业或者专业类别体检要求，能否保证在校正常学习、生活；

（五）艺术、体育等特殊类型录取学生的专业水平是否符合录取要求。

复查中发现学生存在弄虚作假、徇私舞弊等情形的，确定为复查不合格，取消学籍；情节严重的，移交有关部门调查处理。

复查中发现学生身心状况不适宜在校学习，经学校指定的二级甲等以上医院诊断，需要在家休养的，可以按照第十条的规定保留入学资格。

第十二条 每学期开学时，学生按学校规定办理注册手续。不能如期注册的，应当履行暂缓注册手续。未按学校规定缴纳学费或者有其他不符合注册条件的，不予注册。

家庭经济困难的学生可以申请助学贷款或者其他形式资助，办理有关手续后注册。

学校按照国家有关规定为家庭经济困难学生提供校园地国家助学贷款、国家励志奖学金、国家助学金、勤工助学、学费减免、校内奖助学金和临时困难补助等教育资助措施，不断完善学生资助体系，保证学生不因家庭经济困难而放弃学业。具体情况可参照相关实施细则。

第二节 考核与成绩记载

第十三条 学生考核与成绩管理按照《吉林交通职业技术学院学分制管理办法》执行。

第十四条 学生跳级、留级管理按照《吉林交通职业技术学院学生跳、留级管理规定》执行。

第十五条 学生根据学校学分制管理办法，可以申请辅修校内其他专业或者选修其他专业课程；可以申请跨校辅修专业或者修读课程，参加学校认可的开放式网络课程学习。学生修读的课程成绩（学分），学校审核同意后，予以承认。

第十六条 学生参加创新创业、社会实践等活动以及发表论文、获得专利授权等与专业学习、学业要求相关的经历、成果，可以折算为学分，计入学业成绩。

学校鼓励、支持和指导学生参加社会实践、创新创业活动，建立创新创业档案、设置创新创业学分。

第十七条 学校严格执行学生学业成绩和学籍档案管理制度，真实、完整地记载、出具学生学业成绩，对通过补考、重修获得的成绩，予以标注。

学生严重违反考核纪律或者作弊的，该课程考核成绩记为无效，并应视其违纪或者作弊情节，给予相应的纪律处分。给予警告、严重警告、记过及留校察看处分的，经教育表现较好，可以对该课程给予补考或者重修机会。

学生因退学等情况中止学业，其在校学习期间所修课程及已获得学分，予以记录。学生重新参加入学考试、符合录取条件，再次入学的，其已获得学分，经录取学校认定，可以予以承认。

第十八条 学生按时参加教育教学计划规定的活动。不能按时参加的，应当事先请假并获得批准。无故缺席的，根据学校有关规定给予批评教育，情节严重的，给予相应的纪律处分。

第十九条 学校高度重视学生诚信教育，记录学生学业、学术、品行等方面的诚信信息，建立对失信行为的约束和惩戒机制；对有严重失信行为的，根据情节给予相应的纪律处分，对违背学术诚信的，可取消其获得学术称号、荣誉等。

第三节 转专业与转学

第二十条 学生在学习期间对其他专业有兴趣和专长的，可以申请转专业，具体按《吉林交通职业技术学院学籍管理实施办法》执行。

第二十一条 学校根据社会对人才需求情况的发展变化，需要适当调整专业的，允许在读学生转到其他相关专业就读。

休学创业或退役后复学的学生，因自身情况需要转专业的，学校优先考虑。

第二十二条 学生一般应当在被录取学校完成学业。因患病或者有特殊困难、特别需要，无法继续在本校学习或者不适应本校学习要求的，可以申请转学，具体按《吉林交通职业技术学院学籍管理实施办法》执行。

第二十三条 学生转学由学生本人提出申请，说明理由，经学校和拟转入学校同意，由转入学校负责审核转学条件及相关证明，认为符合本校培养要求且学校有培养能力的，经学校校长办公会或者专题会议研究决定，可以转入。

第二十四条 跨省转学的，由转出地省级教育行政部门商转入地省级教育行政部门，按转学条件确认后办理转学手续。须转户口的由转入地省级教育行政部门将有关文件抄送转入学校所在地的公安机关。

对转学情况及时进行公示，并在转学完成后 3 个月内，由转入学校报所在地省级教育行政部门备案。

第四节 休学、复学

第二十五条 学生可以分阶段完成学业，学生在校最长年限（含保留学籍、休学）不得超过学制 3 年，即三年制不超过 6 年，两年制不超过 5 年；休学创业的学生，在校最长年限不得超过学制 5 年。学生应当在学校规定的最长学习年限（含休学和保留学籍）内完成学业。

学生申请休学或者学校认为应当休学的，经学校批准，可以休学。

第二十六条 学生有下列情况之一，可申请休学：

（一）因伤、病经指定医院诊断，须停课治疗、休养时间占一学期总学时 1/3 以上者；

（二）因创业需要须暂时中断学业者；

（三）因其他特殊原因及困难等须暂时中断学业者。

第二十七条 学生有下列情况之一，可申请保留学籍：

（一）在校学生应征参加中国人民解放军（含中国人民武装警察部队），学校保留学籍至退役后 2 年；

（二）学生参加学校组织的跨校联合培养项目，在联合培养学校学习期间，学校同时为其保留学籍。

学生保留学籍期间，学校与其实际所在的部队、学校等组织建立管理关系。

第二十八条 学生休学（含保留学籍）按下列规定办理：

（一）学生休学次数不得超过 3 次，每次休学期限最短为 1 学期，最长为 1 学年，因创业休学每次休学期限最长为 2 学年；

（二）学生休学，由本人向所在学院学生办公室提出申请，填写"学籍异动审批表"（附相关证明材料），经学生工作处审核、学校批准，学生工作处开具休学证明并报送各相关部门备案；

（三）学生在休学期间，不享受在校生待遇；

（四）对学生休学期间发生的事故学校不承担责任；

（五）因病休学学生的医疗费按国家及当地的有关规定处理；

（六）办理完休学（含保留学籍）手续的学生应及时离校。

第二十九条　学生休学期满，应当于学期开学前向学校提出复学申请，经学校复查合格，方可复学。

第五节　退学

第三十条　学生有下列情形之一，学校可予退学处理：

（一）三年制学生每学期经补考仍不及格的课程科数累计达到4科以上（含4科）的或旷考2科以上（含2科）的，两年制学生每学期经补考仍不及格的课程科数累计达到6科以上（含6科）的或旷考2科以上（含2科）的，或者在学校规定的学习年限内未完成学业的；

（二）休学、保留学籍期满，在学校规定期限内未提出复学申请或者申请复学经复查不合格的；

（三）根据学校指定医院诊断，患有疾病或者意外伤残不能继续在校学习的；

（四）未经批准连续2周未参加学校规定的教学活动的；

（五）超过学校规定期限未注册而又未履行暂缓注册手续的；

（六）学校规定的不能完成学业、应予退学的其他情形。

学生本人申请退学的，经学校审核同意后，办理退学手续。

第三十一条　退学学生，应当按学校规定期限办理退学手续离校。退学学生的档案由学校退回其家庭所在地，户口应当按照国家相关规定迁回原户籍地或者家庭户籍所在地。

第六节　毕业与结业

第三十二条　学生在学校规定学习年限内，修完教育教学计划规定内容，成绩合格，达到学校毕业要求的，学校准予毕业，并在学生离校前发给毕业证书。

学生提前完成教育教学计划规定内容，获得毕业所要求的学分，可以申请提前毕业。

第三十三条　学生在学校规定年限内，修完教育教学计划规定内容，有下列情形之一者，按结业处理：

（一）德育成绩不合格者；

（二）考查课、考试课有1门以上（含1门）课程不及格者；

（三）凡按教学计划规定，单独设置的实践环节，如实习（教学实习、生产实习、毕业实习、基本技能训练等）、课程设计、毕业设计（毕业论文）、结合专业的劳动以及单独考核的实验、军训等，有1门以上（含1门）课程不及格者；

（四）毕业前受纪律处分未解除者。

第三十四条 对修业不合格课程，毕业后 2 年内，经本人申请、二级学院批准、教务处审核后可参加每一轮该课程学期考核。直至达到毕业要求时，方可以结业证书换取毕业证书，颁发的毕业证书毕业时间，按发证日期填写。毕业后 2 年内，仍未达到毕业要求的，不再换发毕业证书［本条规定自 2019 级以后（含 2019 级）入学的学生开始执行］。

第三十五条 对于在校学习不满 1 学年退学的学生发给写实性学习证明，学满 1 学年以上退学的学生，学校颁发肄业证书。

第七节 学业证书管理

第三十六条 学校严格按照招生时确定的办学类型和学习形式，以及学生招生录取时填报的个人信息，填写、颁发学历证书及其他学业证书。我校毕业证书中培养层次为"专科（高职）"。

第三十七条 毕业证书由学生本人持有效证件签领。在特殊情况下，确实需要请人代领，代领者必须有证书本人的代领委托书和有效身份证件。

第三十八条 学生在校期间变更姓名、出生日期等证书需填写的个人信息的，应当有合理、充分的理由，并提供有法定效力的相应证明文件。

第三十九条 学校严格执行高等教育学籍学历电子注册管理制度，完善学籍学历信息管理办法，按相关规定及时完成学生学籍学历电子注册。

第四十条 对完成本专业学业同时辅修其他专业并达到该专业辅修要求的学生，由学校发给辅修专业证书。

第四十一条 对违反国家招生规定取得入学资格或者学籍的，学校将取消其学籍，不得发给学历证书；已发的学历证书，学校依法予以撤销。对以作弊、剽窃、抄袭等学术不端行为或者其他不正当手段获得学历证书的，学校依法予以撤销。被撤销的学历证书已注册的，学校予以注销并报教育行政部门宣布无效。

第四十二条 学历证书遗失或者损坏，经本人申请，学校核实后出具相应的证明书。证明书与原证书具有同等效力。

第四章 校园秩序与课外活动

第四十三条 学校、学生应当共同维护校园正常秩序，保障学校环境安全、稳定，保障学生的正常学习和生活。

第四十四条 学校建立和完善学生参与管理的组织形式，成立大学生事务管理委员会、大学生代表委员会和学生会等组织，支持和保障学生依法、依章程参与学校管理。

第四十五条 学生应当自觉遵守公民道德规范，自觉遵守学校管理制度，创造和维护文明、整洁、优美、安全的学习和生活环境，树立安全风险防范和自我保护意识，保障自身合法权益。

第四十六条 学生不得有酗酒、打架斗殴、赌博、吸毒，传播、复制、贩卖非法书刊和音像制品等违法行为；不得参与非法传销和进行邪教、封建迷信活动；不得从事或者参与有损大学生形象、有悖社会公序良俗的活动。

学校发现学生在校内有违法行为或者严重精神疾病可能对他人造成伤害的，可以依法采取或者协助有关部门采取必要措施。

第四十七条 学校坚持教育与宗教相分离原则。任何组织和个人不得在学校进行宗教活动。

第四十八条 学校建立健全学生代表大会制度，为学生会等开展活动提供必要条件，支持其在学生管理中发挥作用。

学生可以在校内成立、参加学生团体。学生成立团体，应当按学校有关规定提出书面申请，报学校团委批准并施行登记和年检制度。

学生团体应当在宪法、法律、法规和学校管理制度范围内活动，接受学校的领导和管理。学生团体邀请校外组织、人员到校举办讲座等活动，需经学校批准。

第四十九条 学校提倡并支持学生及学生团体开展有益于身心健康、成长成才的学术、科技、艺术、文娱、体育等活动。

学生进行课外活动不得影响学校正常的教育教学秩序和生活秩序。

学生参加勤工助学活动应当遵守法律、法规以及学校勤工助学管理规定、用工单位的管理制度，履行勤工助学活动的有关协议。

第五十条 学生举行大型集会、游行、示威等活动，应当按法律程序和有关规定获得批准。对未获批准的，学校将依法劝阻或者制止。

第五十一条 学生应当遵守国家和学校关于网络使用的有关规定，不得登录非法网站和传播非法文字、音频、视频资料等，不得编造或者传播虚假、有害信息；不得攻击、侵入他人计算机和移动通信网络系统。

第五十二条 学生在校学习和生活必须严格遵守《吉林交通职业技术学院学生公寓管理办法》等规定。鼓励和支持学生通过制定公约，实施自我管理。

第五章 奖励与处分

第五十三条 学校对在校期间德、智、体、美、劳等方面全面发展或者在思想品德、学业成绩、创新创业、体育竞赛、文艺活动、志愿服务及社会实践等方面表现突出的学生，给予表彰和奖励。对于表现突出的班集体（团支部）授予相应的荣誉称号。对于获得表彰的个人和集体给予相应的精神鼓励和物质奖励。具体按《吉林交通职业技术学院学生奖励办法》执行。

对表现突出的学生授予"三好学生"荣誉称号，对于表现特别突出的授予"三好学生标兵"和"十佳大学生"荣誉称号，对于家庭经济困难且自强自立的大学生授予"自强之星"荣誉称号。对于表现突出的学生干部授予"优秀学生干部"荣誉称号，对于表现突出的班级授予"先进班集体"荣誉称号，并给予相应的精神鼓励及物质奖励。

学校每学年末对于在校期间德、智、体、美、劳等方面全面发展，表现突出的毕业学生授予"优秀毕业生"荣誉称号。对于在校期间为学校做出突出贡献的毕业生授予"毕业之星"等荣誉称号，并给予相应的精神鼓励及物质奖励。

第五十四条 对有违反法律法规、本规定以及学校纪律行为的学生，学校给予批评教育，并可视情节轻重，给予如下纪律处分：

（一）警告；

（二）严重警告；

（三）记过；

（四）留校察看；

（五）开除学籍。

第五十五条 学生有下列情形之一，学校可以给予开除学籍处分：

（一）违反宪法，反对四项基本原则，破坏安定团结，扰乱社会秩序的；

（二）触犯国家法律，构成刑事犯罪的；

（三）受到治安管理处罚，情节严重、性质恶劣的；

（四）代替他人或者让他人代替自己参加考试、组织作弊、使用通信设备或其他器材作弊、向他人出售考试试题或答案牟取利益，以及其他严重作弊或扰乱考试秩序行为的；

（五）学位论文、公开发表的研究成果存在抄袭、篡改、伪造等学术不端行为，情节严重的，或者代写论文、买卖论文的；

（六）违反本规定和教育部相关管理规定，严重影响学校教育教学秩序、生活秩序以及公共场所管理秩序的；

（七）侵害其他个人、组织合法权益，造成严重后果的；

（八）屡次违反学校规定受到纪律处分，经教育不改的。

第五十六条 学校对学生作出处分，并出具处分决定书。处分决定书应当包括下列内容：

（一）学生的基本信息；

（二）作出处分的事实和证据；

（三）处分的种类、依据、期限；

（四）申诉的途径和期限；

（五）其他必要内容。

第五十七条 学校给予学生处分，坚持教育与惩戒相结合，与学生违法、违纪行为的性质和过错的严重程度相适应。学校对学生的处分，做到证据充分、依据明确、定性准确、程序正当、处分适当。

第五十八条 在对学生作出处分或者其他不利决定之前，学校告知学生作出决定的事实、理由及依据，并告知学生享有陈述和申辩的权利，听取学生的陈述和申辩。

处理、处分决定以及处分告知书等，直接送达学生本人；学生拒绝签收的，以留置方式送达；已离校的，采取邮寄方式送达；难于联系的，利用学校网站、新闻媒体等以公告方式送达。

第五十九条 对学生作出取消入学资格、取消学籍、退学、开除学籍或者其他涉及学生重大利益的处理或者处分决定的，必须事先进行合法性审查，并提交校长办公会或者校长授权的专门会议研究决定。

第六十条 除开除学籍处分以外，给予学生警告和严重警告处分设置6个月处分期，给予记过和留校察看处分的设置12个月处分期，到期按学校规定程序予以解除。解除处分后，学生获得表彰、奖励及其他权益，不再受原处分的影响。

第六十一条 对学生的奖励、处理、处分及解除处分材料，学校真实完整地归入学校文书档案和本人档案。

第六十二条 被开除学籍的学生，由学校发给学习证明。学生按学校规定期限离校，档案由学校退回其家庭所在地，户口应当按照国家相关规定迁回原户籍地或者家庭户籍所在地。

第六章 学生申诉

第六十三条 学校成立学生申诉处理委员会，负责受理学生对处理或者处分决定不服提起的申诉。

学生申诉处理委员会由学校分管学生工作的校领导，学生工作部（处）、教务处、团委、保卫处、纪监审办公室等学校职能部门负责人，教师代表，学生代表，聘请的校外法律、教育等方面专家等组成，办公室设在学生工作部（处）。

学校制定了学生校内申诉委员会工作职责，健全学生申诉处理委员会的组成与工作规则，保证其能够客观、公正地履行职责。

第六十四条 学生对学校的处理或者处分决定有异议的，可以按照《吉林交通职业技术学院学生校内申诉管理办法》进行申诉。

第六十五条 自处理、处分或者复查决定书送达之日起，学生在申诉期内未提出申诉的视为放弃申诉，学校或者省级教育行政部门不再受理其提出的申诉。

处理、处分或者复查决定书未告知学生申诉期限的，申诉期限自学生知道或者应当知道处理或者处分决定之日起计算，但最长不超过6个月。

第六十六条 学生认为学校及其工作人员违反本规定，侵害其合法权益的；或者学校制定的规章制度与法律法规和本规定抵触的，可以向学校所在地省级教育行政部门投诉。

第七章 附 则

第六十七条 学校对接受高等学历继续教育的学生、港澳台侨学生、留学生的管理，参照本规定执行。

第六十八条 本规定已报吉林省教育厅学生处备案并及时向学生公布。

第六十九条 本规定自公布之日起施行。原《吉林交通职业技术学院学生管理规定》同时废止。本规定由学生工作部（处）负责解释。

二、吉林交通职业技术学院学分制施行办法（试行）

第一章 总 则

第一条 为了落实中共中央、国务院《关于深化教育改革全面推进素质教育的决定》，在教学过程中贯彻因材施教的原则，在教学管理中贯彻以人为本的原则，充分体现以能力为本位的教育思想，加强创新创业教育培养，为培养高素质技术技能型人才创造有利的环境和条件，特制定本实施方案。

第二条 实施学分制是学校教学组织和管理的一项重要举措，也是学校教学管理制度的一项重大改革。学分制是以选课为基础，以学分为单位计算学生的学习量，以学分绩点为单位衡量学生学习质量，以平均学分绩点（General Point Average，即 GPA）为尺度衡量学生的学业水平，以取得必要的学分作为毕业的前提条件的一种教学管理制度。

第三条 鉴于学校的实际情况和高等职业教育的特点，学校实行学年学分制。

第二章 教学计划与课程设置

第四条 为保证人才培养的规格和质量，学校各专业均应制定学分制人才培养方案。

学分制人才培养方案是指导和管理教学工作的主要依据，由各学院根据市场需求和人才结构分析的情况拟定，经教务处组织教学指导委员会审核、通过，主管校长签批，在新生入学时向学生公布。

第五条 学分制人才培养方案将课程分为必修课、限定选修课（以下简称限选课）和任意选修课（以下称简称任选课）三类。根据实现专业培养目标的需要，各专业各类课程学分所占的大致比例为：

必修课占应修总学分的 65%～75%；限选课占应修总学分的 15%～25%；任选课占应修总学分的 5%～10%。

（一）必修课

必修课是指为保证专业人才培养的基本规格和质量，学生必须修习的课程，包括思想政治课、公共基础课、专业基础课、主干专业课、专业实训课等。

（二）限选课

限选课是指学生在专业业务范围内，按照规定要求选修的有关深化、拓宽专业知识和技能的课程。

（三）任选课

任选课是指学生根据个人兴趣和实际需要选择的扩大专业知识面，提高个人素质和岗位适应能力的课程。任选课设置要有利于培养和发展学生的个性特长，开发学生潜能。学生可根据各专业培养计划的要求和个人兴趣选课，完成规定的学分。

第六条 学分制人才培养方案应将必修课、限选课按课程内在的递进关系在各学期科学设置。任选课作为相关学期的推荐课程，列入学分制人才培养方案。

第七条 各专业必修课和限选课周学时一般不得超过 26 学时。

第三章 学分及学分绩点

第八条 学分是计算学生学习量的单位,是反映课程难易程度和学习时间的量化指标,同时,也是进行学籍管理、确定学生能否毕业的重要依据。学生课程考核合格即获得该课程的学分。必修课和限选课成绩计学分、绩点和平均绩点,任选课只计学分。学分的计算方法为:

(一) 必修课、限选课、任选课(包括理论课、实验课、实训课等)每 16 学时为 1 学分。

(二) 人才培养方案中安排的实践教学环节(包括顶岗见习、毕业实习、社会实践等)每 1 教学周计 1 学分(其中毕业实习、专业操作技能考核等考核环节及格,才能获得学分)。

(三) 各门课程的实验、实训课时合并入各课程总学时中,不单独计算学分。

(四) 军训、入学教育等是学生必修的教学环节,每周计 1 学分。

(五) 课程学分的最小单位为 0.5 学分。小数点后位数采取 2 舍 3 入、7 舍 8 入的方法计算。

第九条 在学分制人才培养方案中,学生每学期修习课程的学分数,不应低于该学期学分设置的 80%。每门任选课的学分值一般不应高于 2 学分。

第十条 学生课堂无故缺勤达到本学期该门课程学时数的 1/3(含 1/3)以上者,取消该学生本学期该门课程的学分。

第十一条 跨学期讲授且每学期都需进行考核的课程,每学期均按一门课程计算。

第十二条 各专业学生必须修满本专业人才培养方案中所规定的最低学分。基本学制为三年的基本学分为 140 学分左右,基本学制为二年的基本学分在 90 学分左右,各专业学分上下浮动不超过基本学分 10%,具体学分见各专业人才培养方案。

第十三条 以平均学分绩点考核学生的学业水平。

(一) 每门课程的学分绩点 = 课程学分数 × 课程的成绩绩点;

先将考核成绩转化为成绩绩点数,然后乘以该课程的学分,即为课程的学分绩点。

(二) 平均学分绩点 = ∑课程学分绩点 ÷ ∑课程学分;

以学生所修全部课程所得的学分绩点之和,除以该生同期所修的学分数之和,即为该生同期平均学分绩点。学期、学年、教学阶段或全教育过程的平均绩点均可采用上述公式计算。必修课和限选课需计算平均学分绩点。

(三) 百分制记分与绩点的折算方法如下:

90~100 分折合为 4.0~5.0 绩点;

80~89 分折合为 3.0~3.9 绩点;

70~79 分折合为 2.0~2.9 绩点;

60~69 分折合为 1.0~1.9 绩点;

<60 分(不及格)折合为 0 绩点。

(四) 五级制记分与绩点的折算方法如下:

优秀折合为 4.5 绩点；

良好折合为 3.5 绩点；

中等折合为 2.5 绩点；

合格折合为 1.5 绩点；

不合格折合为 0 绩点。

（五）补考合格的课程，获得相应学分，绩点记为 1。

第四章　课程的选修

第十四条　学生应依据人才培养方案的课程设置，参照选课办法中规定的选课程序，按学期在校园教务管理平台上进行选课，各学院（部）应选派有教学经验的教师予以指导。

第十五条　各专业人才培养方案中所规定的每学期必修课和限选课，学生必须修读，学生的入学教育、军训、社会实践、综合实习、毕业实习等教学环节，学生必须参加。

第十六条　学生选课应按照循序渐进的原则，首先修读必修课和限选课，后选任选课；有严格接续关系的课程，应先选前接课程，再选后续课。选课应避免各门课程上课时间的冲突。

第十七条　必修课和限选课均统一编班上课，实行考勤制度。任选课实行优先选课制，选修人数过于集中，超过某门课程规定人数时，学生应改选其他任选课；选修人数少于 30 人的课程不予开课。

第十八条　教务处于每学期结束前 4 周公布下学期开课课程。学生在规定的时间内进行选课。

（一）跨校选课

在条件许可的情况下，学生可以跨校选课。跨校选课需学生本人向学院提出申请，经学院、教务处审核，学校研究同意后方可进行。跨校选课实行学分互认制，学生在经认可的学校修读教学要求基本相同的课程，其所得学分经学校认定后可替代相应课程的学分。所跨学校必须与我校类别、层次、水平相当。

（二）拓展专业方向学习

面向所有专科学生推行"拓展专业方向学习"的培养模式，学生自愿选读。"拓展专业方向学习"是指修读主修专业之外另一个专业的规定的 5~6 门核心课程，达到获取拓展专业方向成绩合格证书条件。

第五章　课程考核与学分的取得

第十九条　学生应当参加修读的所有课程和各种教育教学环节的考核，考核成绩及格者方可获得该门课程的规定学分。学生的考核成绩及学分，由教务处统一归档记录。成绩与学分同时记入学生学习成绩档案。

第二十条　按教学计划，课程考核方式分为考试和考查两种。必修课的考试以百分制计算成绩，满 60 分者为及格，取得该课程学分；必修课的考查和选修课按优秀、良好、中等、及格、不及格五级计分制评定成绩，及格或合格以上取得该课程学分。课程考核成绩包括平时成绩和期末成绩。平时成绩包括出勤、课堂讨论、作业、实验实训、见习、平时测验等。

考试课核定成绩时，平时成绩占30%～50%，期末成绩占50%～70%。考核方式包括闭卷、开卷、笔试、口试、操作等，考试课程原则上应采取闭卷考试方式。

第二十一条　必修课或限选课学期考核成绩不合格者，可补考。补考不及格或考核作弊，学分按零分计，必须重修、重考。任选课学期考核不合格的，不单独组织补考，可以重修或改修其他课程。未按规定办理选课手续而自行听课者，一律不能参加考试，不予记载成绩。

第二十二条　补考、重考、缓考、旷考、违纪

（一）补考

必修课和限选课考试不及格者，应补考。每门课程只有一次补考机会，缺课1/3、旷考、违纪不得参加补考，直接进行重修。补考一般安排在下学期初进行。补考成绩在60分以上者，按60分计，获得相应的学分。补考不及格者须重修，若补考后不及格科目数达到降级或退学规定（见第三十三条及第三十四条），不予以重修。

（二）重考

重修课程（作弊者除外）需参加重考，考核合格可取得学分，其成绩按实际考试成绩记载。

（三）缓考

学生因病或有特殊情况不能参加正常考试时，必须事先出具相关证明材料，并提出缓考申请，经所在学院（部）同意，教务处批准后，方可缓考，缓考安排在下学期补考时进行，成绩按实际分数记录。

（四）旷考

学生无故不参加规定时间考试，按旷考处理，不得参加补考，成绩记零分，不给予学分，学生必须申请重修、重考。

（五）违纪

学生在考试中有作弊行为，对作弊者和协同作弊者均取消其考试资格，成绩以零分计，并注"违纪"字样，不准参加补考，不给予学分。视其情节给予批评教育和相应的纪律处分（具体见《学生违纪处分条例》）。对于经教育表现较好以后未再犯者，可参加重修、重考。

第六章　重修、免修与免听

第二十三条　重修

（一）凡补考不合格或旷考的所有修读课程，一律重修；需办理重修手续。

（二）有实验操作的课程，原实验操作部分及格的，则理论部分重修；原实验操作部分不及格的，则理论部分与实验操作部分一并重修；

（三）课程考核作弊者，原则上不准重修，但对确有悔改表现者，经本人申请，所在学院（部）同意，经教务处批准可以重修一次；重修成绩在60分以上者，仍按60分计。

（四）学生如有下述情况者，不得参加该门课程的考核，必须重修：

1. 在全程考勤情况下，学生无故缺课累计超过该门课程学期总学时数的1/3时，除按

规定给予纪律处分外，不得参加该课程考试，该课程成绩以"0"分记。

2. 缺交作业达该门课程要求1/3（含1/3）者。

3. 该门课程如有实验课，缺实验课时数超过实验总时数的1/3（含1/3），或缺交实验报告超过应交实验报告的1/3（含1/3），或实验考核不合格者。

任课教师应于考试前一周将取消考试资格的学生名单及原因报送教务处，并告知学生。

第二十四条 重修方式

（一）跟班重修：同一门课程重修人数不足20人时，学生经选课后编入开设有相应课程的班级，进行课程的跟班重修学习和考核。跟班重修课程与其他课程时间冲突时，学生可向任课教师申请自修，经任课教师同意后方可自修。任课教师对自修的学生应布置相应的课外作业、组织期中考试等作为平时成绩的打分依据。自修的学生必须跟随选课班级参加重修课程的期末考试。

（二）组班重修：同一门课程重修人数为20人及以上时，由教务处或所在学院统一组班，由开课教研室选派教师在相应下一学年利用学生课余时间集中组班重修，学时不得高于课程总学时的1/3。

（三）实践环节课程、体育课等课程重修不允许自修，原则上必须随开设有该课程的班级跟班重修或由相关教学单位在适当时间组班重修。

（四）重修课程因专业人才培养方案调整而不再开设时，学生可以向所在学院申请免修或由学院指定相近课程替代重修课程。

第二十五条 重修课程教学组织

（一）教务处于每学期开学第四周统计重修学生名单，分类组织重修，对需要编班重修的课程制订重修课程教学计划，并下达到相关教学单位组织实施。

（二）各学院（部）按照教务处的安排，组织本学院需要重修的学生在教务处规定的时间内完成网上选课（报名），方可获得课程重修资格，否则不得参加课程重修和考核。

（三）编班重修的课程按课程原计划学时的1/3安排学时，以重点、难点内容讲授辅导为主，教学工作量按学校工作量相关规定计算；跟班重修的课程，计入班级上课人数。

（四）学校将依据吉林省相关文件规定，对参加课程重修的学生按学分收取重修费。

第二十六条 重修课程的考试

（一）跟班重修的学生，参加上课班级同堂同卷考试。

（二）组班重修的课程考试，单独命题，组织考试；重修考核与正常考试同分同值，不得任意降低难度。

（三）重修成绩60分以上的，按重修实际考试成绩记载，低于60分不进行记载，多次重修的成绩，取最高分记入成绩册。

第二十七条 免修

（一）允许学习成绩优秀（各学期课程的平均学分绩点≥4.0）且自学能力强的学生申请免修某门课程，免修课程每学期不得超过两门，必修课一般不允许免修。体育课不得免修。因健康原因不能参加正常体育活动者，经个人申请，校卫生所开具证明，学院（部）

审核同意，报教务处批准，由体育部适当安排保健体育课。

（二）学生申请免修某门课程时，须在每学期末选课时间内，向开课学院（部）提出书面申请，交验有关课程的自学笔记、练习以及综述等材料，经开课学院（部）负责人审核，报教务处批准后，参加下学期开学后第一周安排的免修考试。免修考试成绩在80分以上者准予免修，并取得相应学分；80分以下者，该门课程不得免修。同一门课程只准申请免修一次。获准免修后，学生可改选其他课程并按规定办理手续。

第二十八条 免听

（一）前一学期平均学分绩点≥3.5以上的学生，对后一学期的课程可申请免听。免听课程每学期不得超过两门，且须经所在学院（部）审核同意，报教务处批准。

（二）经批准免听课程的学生必须参加课内实验、完成教师规定的作业，方可参加期末考试。免听课程考试合格者方可取得学分，否则应重修。

第二十九条 政治理论课、思想品德课、体育课、实验性课程及实践性教学环节，均不得免修和免听。

第七章 课外学分及创新学分

第三十条 课外及第二课堂活动学分规定

（一）课外及第二课堂活动是指在完成专业人才培养方案规定的课程和实践环节之外，在教师指导下利用业余时间所进行的有意义的科研和实践活动，主要包括学生在教师指导下，利用业余时间开展课程内容相关的专题讨论、学术报告会、读书报告会等活动。

（二）学生获得课外和第二课堂活动学分，必须提交相关原始材料和指导教师对学生在活动中的表现与完成情况及水平等方面的综合评定，经所在学院（部）审核，报学校教务处批准。

（三）各专业人才培养方案规定必须完成的实践环节内容，不能作为课外和第二课堂活动取得学分。

第三十一条 学生创新学分

由学生处和各学院根据实际情况进行审核，学分报教务处备案。

第三十二条 在校期间必须达到6学分，方可毕业。学生获得课外学分和创新学分须由本人申请，经指导教师推荐（或提交原始材料），所在学院（部）审核，报教务处批准后方可获得。此类学分可被认定为任选课学分，一个项目获多项学分者，仅取一项最高学分。

第八章 降级、退学、毕业、结业、肄业

第三十三条 降级、退学、毕业、结业、肄业均按照《吉林交通职业技术学院学生管理规定》执行。

第九章 第二专业学习

第三十四条 全日制在校生，已修完主修专业教学计划规定的前两个学期的必修课程，获得规定修读的全部学分，在校期间各学期平均成绩不低于80分，可申请拓展专业学习。学生拓展专业学习应向本人所在学院提出申请，经学院院长核准并予推荐，由拓展专业所在

学院综合考评同意，报教务处审核备案并完成拓展专业学籍注册后方可修读。

第三十五条 拓展专业学习的学生应在圆满完成第一专业学业要求的基础上，系统地修满拓展专业的核心课程和规定学分。对于第一专业已修过，并且教学要求基本相同的课程，经拓展专业所在学院批准，报教务处备案可予免修。

第三十六条 参加拓展专业学习的学生，只有在第一专业获得毕业资格，拓展专业学习也达到合格标准后，授予拓展专业成绩合格证书。

第三十七条 凡申请参加拓展专业学习的学生，均须按学分学费标准缴费修读。

第三十八条 参加拓展专业学习获得的课程学分可以替代相关公选课程学分。

第十章　附则

第三十九条 学校将根据本实施方案制定配套规章制度。开发和运用学分制管理软件，进行计算机辅助管理。

第四十条 本实施方案适用于全日制在校学生。

第四十一条 基本学制为三年，可以提前一年或者延期三年毕业；"3＋2"培养模式的中高职衔接专业专科阶段基本学制为二年，可以提前或者延期二年毕业。

第四十二条 本办法自公布之日起执行，由教务处负责解释。

三、吉林交通职业技术学院实践教学管理制度（试行）

第一条 为落实教育部《高等学校实验室工作规程》《普通高等学校学生安全教育及管理暂行规定》和《学生伤害事故处理办法》等文件精神，保障学校师生在校内外开展实践教学活动期间的人身安全，预防、控制和消除风险，维护实践教学的正常秩序，制定本办法。

第二条 学校成立实践教学安全工作领导小组，负责全校实验室安全管理和实践教学安全管理工作。安全工作领导小组下设办公室进行日常管理工作。

第一章 校内实验室安全管理工作职责

第三条 各实验室必须认真贯彻"安全第一、预防为主"的方针，根据各实验室的具体情况，制定相应的安全管理办法和操作规程，并应悬挂公示。

第四条 各实验室应设有安全员，负责本实验室的安全工作。安全员应经过培训，具备一定的安全知识和技能。

第五条 对首次进行实验操作的人员必须进行安全教育和培训，在掌握各项实验室安全管理办法和基本知识，熟悉各项操作规程后，方可开始实验操作。

第六条 实验室应积极宣传、普及一般急救知识和技能，如烧伤、创伤、中毒、触电等急救处理办法。实验室应定期进行安全检查，形成制度，积极表彰先进，严肃查处事故。

第七条 实验室发生安全事故时，应采取积极有效的应急措施，及时处理，防止事故扩大蔓延，同时应及时上报，不得隐瞒事实真相。

第八条 实验室在承揽校外教学、科研、实验任务时，应明确安全责任。

第二章 校内实验室安全管理工作

第九条 实验室内的仪器设备、材料、工具等物品要摆放整齐，布局合理。各实验室应及时清理废旧物品，不堆放与实验室工作无关的物品，保证安全通道畅通，严格做到四防、四关、一查（防火、防盗、防破坏、防灾害事故；关门、关窗、关水、关气；查仪器设备）。各负责单位根据各自实验室情况做好相应的安全预案。

第十条 实验室防火工作应以防为主，了解各类有关易燃易爆知识及消防知识，严格杜绝火灾隐患。实验室防火工作的具体细则详见学校防火安全管理规定。

第十一条 实验室要加强安全用电管理，不得擅自改装、拆修电器设施；不得乱接乱拉电线，实验室内不得有裸露的电线头；电源开关箱内不得堆放物品，以免触电或燃烧；使用高压动力电时，应穿戴绝缘胶鞋和手套，或用安全杆操作；有人触电时，应立即切断电源，或用绝缘物体将电线与人体分离后，再实施抢救。

第十二条 实验室在使用危险品时，要严格按相关管理规定使用和保管，同时要有可靠的安全防范措施，并做好详细记录。根据国家《危险化学品安全管理条例》，各使用单位做好实验室危险化学品管理办法。危险化学品在出入库登记、领取、检查、清理过程中切实做到规范化管理，认真执行双人保管、双人收发、双人使用、双人运输、双把锁、双本账的

"六双"管理制度，必须做到"四无一保"，即无被盗、无事故、无丢失、无违章，保安全。

第十三条　实验室在使用放射性物质时，应避免放射性物质进入体内和污染身体；尽量减少人体接受外部辐射的剂量；尽量减少放射性物质扩散造成的危害；对放射性废物要储存在专用污物筒中并定期按规定处理。

第十四条　实验室在涉及压力容器、电工、焊接、振动、噪声、高温、高压、辐射、强光闪烁及放射性物质的操作和实验时，要严格制定相关操作规程，落实相应的劳动保护措施。

第十五条　实验室对于环境安全管理工作要有充分认识，对废气、废物、废液的处理须严格按照有关规定执行，不得随意排放，不得污染环境。新建和改扩建实验室时须将有害物质、有毒气体的处理方案列入工程施工计划。

第三章　校内实验室仪器设备安全管理工作

第十六条　各单位要根据仪器设备的性能要求，提供安装使用仪器设备的场所，做好水、电供应，并应根据仪器设备的不同情况落实防火、防潮、防热、防冻、防尘、防震、防磁、防腐蚀、防辐射等技术措施。

第十七条　各单位必须制定仪器设备安全操作规程，使用仪器设备尤其是大型仪器设备的人员必须经过培训，考核合格后方可上岗。

第十八条　实验室应定期对仪器设备进行维护、校验和标定。

第十九条　仪器设备发生故障要及时组织修复，并做好维修记录。一般仪器设备的维修、拆卸需经二级院部负责人同意，不具备维修专业知识的人员不得从事此项工作。大型仪器设备的维修主要依靠生产厂家及专门维修公司，一般不准自行拆卸，确有必要时，须经学校国有资产处批准。

第二十条　要注意大型仪器设备的停水停电保护，防止因电压波动或突然停电、停水造成仪器设备损坏。

第二十一条　各单位要根据仪器设备的性质配备相应的消防设备与器材，实验室的工作人员应学会正确使用，提高事故防范能力。

第二十二条　仪器设备安全工作要责任到人，仪器设备的管理人员是该仪器设备的安全负责人。仪器设备在使用过程中要有人管理，管理人员应经常进行安全检查，发现问题应向领导与主管部门报告并及时解决。

第二十三条　个人领用或借用并由个人保管的仪器设备，领用人或借用人要妥善保管，避免损坏或丢失。

第二十四条　因责任事故造成仪器设备损坏或丢失的单位或个人应按照设备原值进行赔偿。

第四章　实践教学安全管理任务与原则

第二十五条　实践教学安全管理工作的主要任务是宣传贯彻国家有关安全管理工作的方针、政策、法律和法规，对师生进行安全教育。采取有效措施，预防和杜绝各类安全事故的发生。对发生的安全事故进行调查和处理。

第二十六条 实践教学安全管理工作坚持"预防为主、教育先行、管教结合、从严管理"的原则，切实把师生安全教育及安全管理各项工作落到实处。

第五章 实践教学安全管理的组织实施

第二十七条 实践教学安全管理工作实行学校、二级学院和使用教师三级负责制。

第二十八条 学校职责

（一）教务处负责制定实践教学安全管理规定，协调学校相关部门解决实践教学安全管理工作中存在的问题。

（二）教务处、学生处和保卫处负责学生实践教学活动中突发事件的调查与处理。

（三）教务处和学生处共同负责督促、检查各学院实践教学安全教育、安全措施和安全责任的落实情况。

第二十九条 二级学院职责

（一）各二级学院负责制定各专业实践安全管理细则。

（二）负责选派经验丰富的实践教学指导教师，审定实践教学工作计划、安排，督促、检查实践教学安全管理工作的落实情况。集中组织赴校外实习基地、企事业单位、野外等处进行的实习，要根据实际情况及需要在实习前派教师到实习地点进行实地考察，了解安全情况，并根据实践地点具体安全情况制定相应的安全管理措施和应急预案。

（三）负责对参加实践教学活动的学生、指导教师进行安全、纪律教育和动员工作，增强处理各种突发事件的应变能力。安全、纪律教育及动员工作要求参加实践教学的全体教师和学生参加，并做好记录，以此作为对教师实践教学工作的考核项目之一。对先开展实践教学活动后放假或先放假后开展实践教学活动的学生，要提前统一组织安全教育，提醒学生在回家或前往实践地点途中注意人身安全和财产安全。

（四）负责分散实践教学活动学生的安全管理工作，并根据实践教学活动的具体情况制定安全管理措施，规定离校、返校的时间，并与学生保持定期联系。

（五）要求参加校外实践教学的学生签署学生校外实践教学安全责任书，对学生个人联系到实践教学单位或企事业单位进行的分散实践教学和学院指导教师不能全程跟踪指导的实践教学要特别强调安全教育和管理。实习小组有义务将实习安排告知相关班级的辅导员，并与学生家长联系，方便家长及时了解学生校外实践情况。

（六）负责与校外实践教学单位就学生实践教学活动的有关安全工作事项进行协调与沟通，督促实践教学活动的负责人采取有效措施，消除一切安全隐患，确保师生人身安全和财产安全。

（七）协助学校相关部门做好实践教学活动中突发事件的调查和处理。

第三十条 指导教师职责

（一）校外专业实践教学应建立实习小组，推选实习组长。实习组长负责全组的安全管理，协助指导教师做好安全工作。

（二）在实践教学活动期间，指导教师应对学生从严要求，教育学生时刻注意交通安全、人身安全、财产安全和生产操作安全，并以身作则，坚守工作岗位，不得擅离职守。

（三）加强实践教学环节的用车和食宿管理，防止危害性极大的群死群伤重大事故（交通事故、食物中毒、传染病、火灾等）的发生。实践教学环节用车必须选择车况好、手续齐全的车辆，且要及时提醒司机遵守交通法规，不超速、不超载、不随意在马路边停车下人，严禁酒后驾车。

（四）发生突发性事件时，实践教学活动的指导教师要组织和协调师生合理地处理突发事件，采取有效措施，避免事态扩大。

（五）严格遵守突发事件上报制度，紧急、重要信息要及时、准确上报，对出现误报、瞒报和漏报者，要追究相关人员责任。上报关系依次为：学生→实习生组长→指导教师→所在二级学院→学校。

（六）对于学生个人联系到实践教学单位或企事业单位进行的分散实践教学和学院指导教师不能全程跟踪指导的集中性实践教学，指导教师或管理人员要保持与学生所在实习单位和学生本人的联系，以便发现问题及时处理。

第三十一条 学生职责

（一）学生是实践教学的主体，实践教学过程中对自己的行为负有安全责任和义务。

（二）参加校外实践教学活动的学生要参加安全、纪律教育和动员工作，未参加的学生自行承担在实践教学工作中的一切行为及后果。

（三）学生在校外进行实践教学活动期间，要自觉遵守国家法律和地方性法规，遵守学校实践教学安全纪律规定，尊重当地风俗习惯，爱护公共设施，文明礼貌、诚实守信，保持大学生的良好形象，自觉维护学校和实践单位的声誉。

（四）学生参与实践教学活动期间，要严格听从指导教师或实践教学单位技术人员的安排与指挥，实习组长要严格履行指导教师交付的安全任务，配合指导教师做好安全管理的各项工作。

（五）学生有劳动或操作作业时，应提前接受学校或实习单位组织的相关技术培训，并严格遵守设备、设施安全操作规程；使用未操作过的设备、设施，应首先阅读并理解使用说明书，注意设备的维护和保养；未经允许，不得擅自调换工种和设备，更不得擅自动用与实践教学活动无关的设备、仪器和车辆等。

（六）到野外等特殊地方进行实践教学活动的学生，应按安全要求着装和佩戴必要的安全防护设备，并在指导教师或现场技术人员的带领下进行教学活动，严禁私自或单独活动。

（七）严格遵守学校和实践教学单位的保密制度，不得泄露学校和实践单位的学术、技术、商业秘密等信息情报。

（八）实践教学活动开展期间要严格实行请销假制度，原则上学生应在指导教师带领下统一行动，学生离队活动时必须向指导教师请假。不允许学生离队外宿，夜间不得单独外出活动。学生确有事要外出时，应履行请假手续，指导教师应在确保学生安全的情况下方能准假,并应结伴同行,按时返回,归队后必须向指导教师及时销假。学生参加实践教学活动期间请假按学校有关学生请销假的条款执行。

(九)不酗酒闹事,不打架斗殴;不到水库、江、河、湖、海等地游泳、戏水;不带火源进入林地,不得放火烧荒;不到网吧、歌厅等场所从事与实践教学环节无关的活动;不搭乘非营运性车辆或手续不全、没有安全保证的营运车辆。

(十)开展实践教学活动期间,不得组织与实践教学活动无关的一切活动。

(十一)学生个人联系到实习单位进行的分散实践教学和指导教师不能全程跟踪指导的集中性实践教学,学生个人必须以保证自身安全和实践教学质量为前提,安全管理以自我负责为主、指导教师和实习单位为辅的原则,将校外实践情况如实告知学生家长,并定期主动向所在二级学院指导教师、辅导员、班主任汇报实践活动开展情况,按要求返回学校。学生自行联系实习单位,其实习期间的安全问题由学生本人负责。

第三十二条 实践教学安全保证措施及安全责任

(一)凡参加校外实践教学的学生,必须签订《校外实践教学协议书》,未签订《校外实践教学协议书》的学生,指导教师有权拒绝其参加实习活动。因学生未签订《校外实践教学协议书》而产生的安全事故,由学生本人负责。因校外实习的不稳定性,为了学生的人身安全,每个学生必须购买保险。

(二)将指导教师实践安全管理工作计入工作考核,教师违反《实践教学安全管理规定》,参照学校有关教学事故认定与处理办法,按情节给予相应处分,触犯法律的依法承担民事责任和刑事责任。

(三)学生实践教学安全分计入实践教学总成绩。学生违反《实践教学安全管理规定》,参照《学生违纪处分办法》,按情节给予相应处分,触犯法律的依法承担民事责任和刑事责任。

(四)实践教学期间,对统一住宿的学生要求进行晚点名。如有学生违反实践教学纪律,经教育不改者,在征得所在二级学院领导同意后,指导教师有权终止其实践教学,成绩以零分记,并视情节给予纪律处分。

(五)实践教学期间,学生因下列行为造成本人、他人或集体人身伤害或财产损失,学校不承担责任:

1. 学生自行联系实习单位分散进行的实习,未按照要求执行;
2. 违反国家法律、法规或违反实践教学纪律和安全管理制度;
3. 未经批准,擅自离开实践教学地点发生意外事故;
4. 实践教学期满,未按规定时间返回学校;
5. 法律、法规规定的其他情况。

第六章 事件(事故)的处理流程

第三十三条 事件(事故)报告阶段

事件(事故)发生后,有关人员按照上报关系汇报。指导教师接到报告后应第一时间赶赴事件(事故)现场,组织协调与救援,做好现场保护工作。

第三十四条 事件（事故）调查阶段

实践教学活动负责人应将突发事件情况（包括突发事件发生的时间、地点、性质、发生原因、现场处置措施、经验和教训、预防措施等）形成报告，及时报所在二级学院、教务处和保卫处。由教务处、学生处和保卫处联合相关单位成立事件（事故）联合调查组，查明事件（事故）的起因、经过。

第三十五条 事件（事故）处理阶段

事件（事故）处理的任务主要根据事件（事故）调查的结论，进行事件（事故）责任界定，并形成书面处理建议，经由学校安全工作领导小组研究认定后，给出最终处理意见。

第七章　附　则

第三十六条 本规定其他未尽事宜，按上级有关规定执行。若有与国家法律、法规不一致处，以国家的法律、法规规定为准。

本规定自公布之日起施行，由教务处负责解释。

四、吉林交通职业技术学院学籍管理实施办法

为进一步规范学生学籍管理，做好学生学籍相关工作，依据《普通高等学校学生管理规定》（教育部41号令），切实保护学生权益，确保我校办学秩序，结合学校实际特制定本办法。

第一节 入学与注册

学生入学与注册具体按《吉林交通职业技术学院学生管理规定》执行。

第二节 新生学籍复查及学籍电子注册

第一条 依据我校招生部门提供的入学报到名单及信息，在新生入学后3个月内，学生工作部（处）开展学籍复查工作，通过逐一对比。

第二条 新生需本人持身份证原件、户口本原件逐一进行学籍核查。核查时学生一律不准化妆、佩戴美瞳及隐形眼镜，不可遮挡五官，防止影响设备进行认证核验。

第三条 身份证、户口本损坏或丢失的，需本人持临时身份证或户籍部门开具的身份证明原件到学生工作部（处）进行备案，待证件补办齐全后，再进行学籍复查。

第四条 学籍电子注册

学生工作部（处）依据复查结果在"中国高等教育学生信息网"（以下简称"学信网"）进行学籍电子注册。

第五条 对于申请保留入学资格的学生，学生工作部（处）依据我校招生部门提供的名单及申请材料进行复查，合格后在学信网上保留入学资格。学生保留入学资格期间不具备我校学籍。新生保留入学资格期满前，应当向我校招生部门申请入学，学生工作部（处）依据我校招生部门提供的申请入学材料进行复查，合格后予以学信网学籍电子注册。

第六条 学籍信息维护

（一）学生事务管理科组织二级学院对学生学工系统信息内容进行补充、维护。

（二）核对录取数据有误或没有录取信息的学生，由学生事务管理科与招生就业处复核。

第七条 新生学籍查询

（一）校内学籍建立后，新生可在学校官网—信息门户—学工系统以学号登录查询个人信息。

（二）按照教育部要求，新生在学籍电子注册后需在学信网上自查个人信息。各学院负责督促已经进行学籍电子注册的学生及时登录学信网进行自查，有异议及时联系学生工作部（处）。

第八条 学生在校期间变更有关注册信息，属于姓名、身份证号等关键信息的，按照《吉林交通职业技术学院学籍信息变更管理办法（暂行）》规定执行。

第九条 建立新生学籍电子注册档案体系，对学生学籍电子注册信息及相关材料及时归档。

第三节　考核与成绩记载

学生考核与成绩管理具体按照《吉林交通职业技术学院学分制施行办法》执行。

第四节　学生转专业

第十条　转专业原则

（一）坚持公开、公平、公正的原则；

（二）坚持社会需求导向，有利于促进就业的原则；

（三）坚持因材施教，尊重学生兴趣、专长、特长选择的原则；

（四）尊重教育教学规律，确保人才培养质量，保证办学条件和培养能力相匹配的原则；

（五）择优原则。

第十一条　转专业条件

（一）必须是全日制在校学生；

（二）思想积极，学习态度端正，无违法违纪行为；

（三）在同层次、同学制的专业之间调整；

（四）学生在校期间只有一次转专业机会，须在入学第一学期末提出申请；

（五）对口录取、中高职衔接、中外合作办学的学生不允许转专业；

（六）其他特殊情况确需转专业的：

1. 学校根据社会对人才需求情况的变化，必要时可以适当调整学生所学的专业；

2. 休学创业和退役后复学的学生，因自身情况需要转专业的，学校优先考虑；

3. 学生入学后因患某种疾病或生理缺陷，经二级甲等以上医院诊断证明，校卫生所审核，确属不宜在原专业学习，但尚能在本校其他专业学习的，经学校批准后可转入相关专业学习；

4. 二年级学生如确因专业学习不适应，学习困难的，须按照新生转专业规定，申请转入低一年级本人适合的专业。

第十二条　转专业组织机构

学校成立转专业工作领导小组：

组长：分管学生工作校领导；

成员：学生工作部（处）处长、教务处处长、招生就业处处长、计划财务处处长及各学院院长。

领导小组下设办公室，办公室设在学生工作部（处）。

第十三条　转专业的基本程序

（一）转入转出名额确定

为了保持学校教育教学资源的相对平衡，转专业工作领导小组根据各专业的具体情况，确定转入专业的允许名额，原则上最大的行政班额为45人；班级的转出名额不大于原班级人数的10%（如转出人数＞10%时，按照学期综合测评成绩排序确定）。部分专业录取时有特殊要求的，各学院要提前将条件上报学校转专业工作领导小组备案，经审核后由学生工作部（处）负责向全校学生公示。

（二）学生申报

学生本人在规定时间内向所在学院提交《转专业申请表》，经所在学院审核汇总后递交至申请转入专业所在的学院。

（三）考核

二级学院成立以院长为组长的学院转专业工作领导小组，对申请转入学生进行资格审核。对符合转入条件的申请者组织考核，考核方案由转入学院研究确定，考核前须向学校转专业领导小组报送考核方案。

（四）审批

经转入学院研究确定拟转入学生名单，报学校转专业领导小组审核，由学校转专业领导小组提请校长办公会审批。

（五）公示

对于转专业审批通过的学生名单在校园内及校园网上予以5个工作日的公示。对公示期内有异议的，可实名向学生工作部（处）提出异议或申诉。学校按学生申诉管理办法进行处理。

（六）学籍异动

公示期满后正式公布转专业学生名单，学生于下学期开学两周内办结转专业的学籍异动手续。

第十四条 转专业学生课程修读

转专业的学生按转入专业所在年级的人才培养方案修读课程并进行毕业资格审核。按转入专业人才培养方案未修读或不予免修的课程均应重修。

第十五条 学费缴纳

转专业学生当年学费按原专业学费标准缴纳，自下一学年开始按转入专业学费标准缴纳。

第五节　学生跳级、留级

第十六条 学生跳级、留级适用于学校2019级及其之后年级的在籍学生学籍管理。

第十七条 学生有下列情况之一者，予以学业预警：

（一）一学期内因病假、事假等原因缺课累计超过学期总学时1/5者；

（二）一学期有3门（含3门）以上课程考核不及格者；

（三）一学期有2门（含2门）以上课程，按学校规定进行补考后仍不及格者；

（四）一学期有1门（含1门）以上考试作弊、旷考或无考试资格者；

（五）实行学年学分制后，学生在一学期之内取得的课程学分总数小于该学期应选课程学分总数的1/2者。

第十八条 学生未达到退学条件时（详见《吉林交通职业技术学院学生管理规定》），可跟班学习，对于考核不合格的课程，经本人申请，二级学院批准，教务处审核后可利用课余时间重修，参加该课程的学期考核及补考。

第十九条 原则上对在校学生取消留级制度，如学生本人自愿申请留级，可予以批准。

第二十条 对于学有余力，学业成绩特别优秀的学生，经本人申请，二级学院批准，教务处审核后可辅修下一学年的课程，成绩合格者，可跳级；达到毕业标准者，可申请提前毕业。

第六节　休学、复学

学生休学与复学具体按《吉林交通职业技术学院学生管理规定》执行。

第七节　退学

学生退学具体按《吉林交通职业技术学院学生管理规定》执行。

第八节　学生转学

第二十一条　被我校录取的学生一般应当在我校完成学业。因患病或者有特殊困难、特别需要，无法继续在我校学习或者不适应我校学习要求的，可以申请转学。

有下列情况之一的，不得转学：

（一）入学未满一学期或者毕业前一年的；

（二）高考成绩低于拟转入学校相关专业同一生源地相应年份录取成绩的；

（三）由低学历层次转为高学历层次的；

（四）以定向就业招生录取的；

（五）未通过普通高等学校招生全国统一考试或未使用高考成绩录取入学的（含保送生、单独考试招生、政法干警、第二学士学位、专升本、五年一贯制、三二分段制等）；

（六）拟转入学校与转出学校在同一城市的；

（七）应予退学的；

（八）无正当转学理由的。

第二十二条　学生因学校培养条件改变等非本人原因需要转学的，由学校出具证明，报吉林省级教育厅协调转学到同层次学校。

第二十三条　学生无论转入或转出我校学习，均须有转出或转入学校同意的书面证明材料。

第二十四条　学生申请转出我校学习的，由学生本人提出申请，说明理由，提交转学申请表，经学校学生工作部（处）审核转学条件及相关证明，认为符合我校转出条件的，提交学校校长办公会或者专题会议研究决定。

第二十五条　同学历或高学历层次学生申请转入我校学习的，由学生本人提出申请，说明理由，提交转学申请表，经学校学生工作部（处）审核，认为符合我校培养要求且学校有培养能力的，提交学校校长办公会或者专题会议研究决定。

第二十六条　转学批准之后进行5个工作日的公示，15个工作日内办理完转学手续，并在转学完成后3个月内将相关材料报吉林省教育厅备案。

第九节　毕业与结业

学生毕业与结业具体按《吉林交通职业技术学院学生管理规定》执行。

第十节　学业证书管理

学生学业证书管理具体按《吉林交通职业技术学院学生管理规定》执行。

第二十七条　本办法自发布之日起施行，由学生工作部（处）负责解释。

五、吉林交通职业技术学院学生军事技能训练管理规定

第一章 总 则

第一条 根据《中华人民共和国国防法》《中华人民共和国兵役法》《中华人民共和国教育法》《普通高等学校军事课教学大纲》等文件制定本规定。

第二条 学生参加军事技能训练的目的是提高学生思想政治觉悟，激发爱国热情，增强国防观念和国家安全意识；进行爱国主义、集体主义和革命英雄主义教育，增强学生的组织纪律观念，培养艰苦奋斗的作风，提高学生综合素质；使学生掌握基本军事知识和技能，为中国人民解放军培养后备兵员和预备军官，为国家培养社会主义事业建设者和接班人，是学生履行兵役义务、接受国防教育的基本形式之一。

第三条 学生军事技能训练为必修实践课，凡被我校正式录取的全日制学生应按本规定参加军事技能训练。因身体缺陷或有其他特殊情况不能参加军事技能训练者，应持个人申请、市级以上医院证明，由校医院鉴定，经学生工作处批准，可免训或缓训军事技能训练部分，缓训学生应随下一年级学生训练。军事技能训练不合格或无故不参加者，不准予毕业。有参军经历的学生可免修军事技能训练。

第二章 技能训练时间、内容与考核

第四条 军事技能训练的时间为2~3周，实际训练时间不少于14天112学时，一般安排新生入学后进行。

第五条 军事技能训练的内容包括：

（一）共同条令教育与训练

主要内容是：共同条令教育、分队的队列动作、现场教学等。

（二）射击与战术训练

主要内容是：轻武器射击、战术等。

（三）防卫机能与战时防护训练

主要内容是：格斗基础、战场医疗救护、核生化防护等。

（四）战备基础与应用训练

主要内容是：战备规定、紧急集合、行军拉练、野外生存、识图用图、电磁频谱监测等。

第六条 军事技能训练考核内容及比例分配：

（一）内务条令，占比10%；

（二）动作训练，占比25%；

（三）队列训练，占比15%；

（四）出勤，占比30%；

（五）训练表现，占比20%。

第七条 军事技能训练成绩的计算

军事技能训练成绩为 100 分，训练考核 50 分，平时成绩 50 分，成绩分为优秀、良好、中等、及格、不及格五个等级。成绩在 90~100 分为优秀，80~89 分为良好，70~79 分为中等，60~69 分为及格，60 分以下为不及格。

第三章 军训组织领导

第八条 学校成立学生军训领导小组，由主管学生工作的校领导担任组长，由学生工作处处长担任副组长。领导小组成员由学生工作处、团委、教务处、后勤处、财务处及各学院等部门的主要负责人组成，并在学生工作处下设军事技能训练办公室。

第九条 由军事技能训练办公室牵头负责军训的总体协调，并相应成立技能训练、政工、后勤保障三个工作组。技能训练组由军事教研室人员及教官组成；政工组由学生工作处、团委人员及辅导员组成；后勤保障组由后勤处人员组成。

第十条 军训期间，按部队编制成立军训团、连、班组织。团长、连长、班长由承训部队教官担任，政委由军事教研室主任担任；连指导员由各学院学生工作党总支副书记担任。

第十一条 辅导员原则上应作为带队教师参加军训，并跟班活动。

第四章 组织机构、教师工作职责

第十二条 军训领导小组主要工作职责

（一）根据国家教育部、解放军总参谋部、总政治部等部门制定的军训大纲要求，制定学生军事训练计划。

（二）负责向承训部队和学院带队干部、教师传达上级的有关指示、命令等。

（三）协调学校与上级各主管部门之间的关系，保障训练经费、训练器材的落实和各项训练科目的顺利进行。

（四）领导学校军事教研室、各学院开展工作，保障训练场地、交通、教官和学生的学习、训练、后勤服务等方面工作的落实。

第十三条 军训团主要工作职责

（一）按照军训领导小组制订的计划，组织军事训练科目的实施。

（二）及时了解训练情况，掌握训练进度，督促、指导、检查训练计划的落实。

（三）抓典型，总结经验，及时组织观摩、交流，推广好的做法。

（四）抓好军训期间的思想政治教育，开展深入细致的思想政治工作，掌握学生思想动态，开展形式多样的文体活动。

（五）确保信息畅通，做到上情下达，下情上报，印发军训简报。

（六）做好安全保卫工作，防止意外事故发生。

第十四条 带队教师主要工作职责

（一）配合军事教研室搞好军训思想动员及发动工作。

（二）做好参训学生思想政治工作。

（三）组织好军训期间的党、团组织活动。

（四）负责军训学生的考勤工作。

（五）负责学生操课和平时的纪律及安全工作。

（六）协助医生及时妥善处理训练中的伤病号。

（七）协同教官开展学生内务卫生检查、评比。

（八）及时向军训团汇报有关情况，反馈信息。

（九）搞好军训结束后本连的总结评比和成绩登记。

（十）协助学生工作处做好训前服装的发放及训后军训物资的清点收缴工作。

第五章 思想政治工作

第十五条 思想政治教育是学生军训的重要内容之一，做好军训期间的思想政治工作是保障军训任务圆满完成的关键，各级领导、带队教师要高度重视。

第十六条 加强军训目的和意义的教育，调动学生参加军训的积极性，刻苦训练、磨炼意志。开展向人民解放军学习优良传统、艰苦奋斗的作风、集体主义的精神和人生观、价值观等教育。

第十七条 采用英模事迹报告会、座谈讨论、主题班会等形式，开展思想政治教育，并充分发挥报刊、影视、广播等宣传工具的作用，做到形式多样，生动活泼。

第六章 后勤保障

第十八条 军训期间按有关规定为承训部队、军训基地支付训练费，承训教官的伙食补助费，接送师生的运输费，实弹射击及办公等所需的费用，由学校每年安排专项军训经费。

第十九条 军训期间学生要统一穿军训服装，并佩戴军训标志。学生的军训服装费、伙食费、教材费由学生缴纳。

第二十条 军训期间，校医院按要求派出医生，建立军训团医务室，负责学生、教师的医疗保健工作，医疗费由学校负担（到军训团医务室以外的地方诊治所发生的费用，按有关规定办理）。

第二十一条 军训期间学生的文体活动经费及慰问学生费用由各学院统一安排使用。

第二十二条 军训期间的车辆保障、伙食督察工作，由后勤处协助完成。

第七章 附则

第二十三条 本规定自公布之日起实施。

第二十四条 本规定由吉林交通职业技术学院学生工作部（处）军事教研室负责解释。

六、吉林交通职业技术学院学生公寓管理办法

第一章 总 则

第一条 为规范学生公寓管理，营造良好的学习和生活环境，确保学生人身和财产安全，根据《高等学校校园秩序管理若干规定》《关于切实加强高校学生住宿管理的通知》和《吉林交通职业技术学院学生管理规定》等文件要求，结合我校实际制定本办法。

第二条 本办法适用于我校在籍学生以及短期进修、培训学员等。

第二章 管理职责

第三条 学生公寓管理由校学生工作部（处）（以下简称学工处）、后勤处、保卫处、各学院共同负责管理。

第四条 学校将人才培养融入学生公寓日常管理，将思想教育与制度约束相结合，形成学生自我管理与各学院、相关职能部门齐抓共管相融合的格局。建立学生公寓自律组织，实现学生自我管理、自我教育、自我服务、自我监督。

第五条 学工处职责

（一）负责制定《吉林交通职业技术学院学生公寓管理办法》。

（二）负责学生公寓的日常管理、物业管理。

（三）做好学生公寓信息化建设。

（四）负责学生公寓门窗、桌椅、床铺、门锁等小物件维修任务及时准确报送后勤处。

（五）负责学生公寓房源的分配及学生入住、调换、退宿的管理。

（六）负责学生公寓楼长、门卫、保洁员等管理服务人员的管理。

（七）科学设置学生公寓勤工助学岗位，聘用勤工助学学生。

（八）负责制定《学生公寓卫生检查标准》，定期对学生公寓进行检查，并对发现的问题及时通报各学院进行整改。

（九）对违反学生公寓管理办法的学生，视情节轻重进行批评教育和给予相应的纪律处分。

第六条 各学院职责

（一）具体负责本学院学生的住宿管理和安全管理，并提供志愿者服务。

（二）指定专人负责本学院学生住宿信息管理和日常公寓寝室内卫生安全管理。

（三）按照公寓安全网格化管理办法，组织各班级辅导员、学生干部定期对学生寝室进行检查，对违反学生公寓管理办法的学生给予批评教育和相应的纪律处分。

（四）及时发现和处理学生公寓日常管理中出现的问题，协助公寓管理人员对违规现象进行批评教育并做好当事人的思想工作。

（五）引导学生积极开展公寓文化活动，营造互相关心、团结友爱的良好公寓文化氛围。

（六）负责配合相关部门及时处理本学院学生在公寓发生的突发事件。

第七条 保卫处职责

（一）指导开展学生公寓防火、防盗、防骗等安全宣传教育工作，组织各类突发事件应对的演练和培训。

（二）负责学生公寓消防器材、安防设备等配备、维修、保养和更新。

（三）负责学生公寓周边区域日常安全巡查，及时处置学生公寓发生的突发事件，及时报告上级，并将最终处理结果向有关部门通报。

（四）定期组织相关部门和学生代表对学生公寓的消防设备及安全隐患进行排查，并督促整改。

（五）配合公安机关处理学生公寓各类治安及其他案件。

第八条 后勤处职责

（一）负责学生公寓基础设施改造、专项工程的实施。

（二）负责保障学生公寓水电正常供应。

（三）负责学生公寓垃圾的清运工作。

（四）负责学生公寓设施设备的日常维修作业，保障学生公寓正常生活秩序。

第三章 住宿管理

第九条 学生公寓管理中心（以下简称公寓中心）具体负责统筹协调全校各类学生公寓的日常管理、服务和住宿安排。

第十条 学生入住

（一）新生办理入住时，本人携带身份证和网上选寝室信息凭证到所分配公寓楼登记，经管理员核对姓名、性别、学院、年级、学号、身份证、房间号无误后方可入住。

（二）复学、转专业或转学等情况办理入住的相关流程：

1. 本人填写"住宿申请单"，由所在学院分管学生工作领导签字、盖章；

2. 携带住宿申请单到公寓中心办理住宿安排，由公寓中心分管领导签字、盖章；

3. 携带住宿申请单到校结算中心缴纳住宿费用，获取住宿缴费发票；

4. 本人携带身份证、住宿申请单、住宿费缴费发票到所分配公寓楼登记，经管理员核对姓名、性别、学院、年级、学号、身份证无误后方可入住。

（三）来我校进修、培训等校外学员入住学生公寓，需相关部门书面申请，报学工处，经主管校领导审批后，公寓中心按流程安排入住。

（四）其他因特殊情况入住学生公寓的人员，须提交书面申请，报学工处，经主管校领导审批后，公寓中心按流程安排入住。

（五）未经学工处审批，严禁私自入住学生公寓。

第十一条 学生住宿

（一）学生住宿需严格遵守本办法。相关职能部门各负其责，齐抓共管，对公寓楼内发生的问题及时处理和报告。

（二）学生在校学习期间原则上由学校安排集中住宿、统一管理。因特殊情况确需走读的学生，须按照《吉林交通职业技术学院学生走读管理办法》办理。

（三）住宿学生必须按照房间和床号住宿，未经批准不得将房间和钥匙擅自调换、转借他人，不得顶替他人入住，更不得将房间转租。学生住宿调整须经学院批准并报公寓中心备案。

（四）自觉爱护公共卫生和设施，尊重公寓管理员的劳动。

（五）严禁在公寓内进行经商、推销、发放小广告和递送外卖等活动。

（六）严禁在走廊和公寓内存放有异味的物品，禁止在公共区域乱扔垃圾。

（七）学生公寓按照学工处的要求，严格执行熄灯断网制度。

（八）学生公寓执行早晨5：00开门，晚间22：30（女生公寓22：00）关门。学生不得早出晚归，因特殊原因需提前外出或晚归的同学应向公寓管理员提出申请，允许后办理。

（九）不得欠缴住宿费，必须在交齐住宿费后才能安排住宿。

（十）学生公寓实行大件物品出入登记制度。大件物品应凭物主的身份证或校园一卡通等有效证件进出楼内。

（十一）学生借用寝室钥匙时，必须出示有效证件或由辅导员证明身份后方可办理。

第十二条 学生退宿

（一）学生毕业退宿时，可以寝室或班级为单位，集中办理退宿手续。

（二）因结业、退学、转学、出国等原因离校，应按规定及时办理退宿手续。

（三）因患严重疾病需家人陪读照顾且申请退宿获批者，应按规定及时办理退宿手续。

第十三条 退宿流程及处理

（一）学生退宿需本人填写"退宿通知单"，由辅导员及所在学院分管学生工作的领导签字，公寓管理员对寝室设施、家具、宿舍卫生等审查合格并签字确认后，公寓中心在"退宿通知单"上签字盖章。

（二）退宿学生确因特殊原因需在校继续居住一段时间的，需本人申请，学院同意，并报公寓中心批准，方可继续住宿，时间不得超过一周。

（三）学生在退宿手续办理完毕后，应于三天内离开寝室并将个人物品搬离宿舍，违者由公寓中心强制搬出。

（四）学生应该办理但未办理退宿手续且超过一周的，视为已经自动离校。其宿舍内物品因维修、打扫、宿舍另做他用等原因造成损失的，由学生本人负责。

第十四条 暑假留校住宿

（一）暑假需留校住宿的学生，由本人提出书面申请，学院同意盖章后，送交公寓中心备案，方可留校住宿。

（二）暑假留校住宿的学生需服从学校统一安排，各学院根据实际情况，派专人协助公寓中心做好留校学生的日常管理工作。

（三）暑假留校住宿学生必须严格遵守学生公寓管理制度。

（四）寒假不留学生在校住宿。

第四章　安全管理

第十五条　学生在公寓必须严格遵守《学生公寓安全管理规定》，各部门齐抓共管、各司其职，维护学生公寓的正常秩序，确保公共财产、学生人身及财产安全，共建"平安公寓"。

第十六条　学生公寓安防管理

（一）学生公寓管理人员有权检查进出公寓人员的证件，如发现非住宿学生或可疑人员，有权询问和检查，被查人员须主动配合管理员的询查，不得无故阻挠。

（二）工作人员不得擅自单独进入学生寝室，因公务、维修、检查等需进入公寓时，必须出示证件或相关证明，经登记后，由学生公寓管理人员带入。

（三）不得擅自进入异性公寓，因公务或特殊情况需进入者需持有公寓中心开具的证明，并由公寓管理员做好相关登记。

（四）住宿学生不得擅自留宿非本寝室人员，严禁留宿异性。

（五）禁止在公寓内酗酒、赌博及传播反动、淫秽物品等非法活动。

（六）发现偷盗、破坏等各种违法违纪行为，要及时报告保卫部门并保护好现场，以便相关部门取证。

（七）学生应做好公寓内防火、防盗工作，离开公寓时，要锁好门窗、保管好钥匙并妥善保管好自己的贵重物品。

第十七条　学生公寓消防管理

（一）公寓内禁止出现私拉电线和充电无人看管等现象，禁止使用自配的空调、电暖气、电热毯、电熨斗、热得快、电热杯、电热水瓶、电炉、电磁炉、电饭锅等大功率电器，离开公寓应拔掉墙壁插排，关闭电器设备电源。

（二）严禁使用酒精炉、蜡烛等明火设施设备，严禁存储易燃易爆危险品。

（三）公寓管理员每日进行学生公寓安全隐患检查和消防巡视，每周检查应急灯、灭火器，确保功能良好，留存检查记录；熟练使用消防器材，掌握突发事件疏散、逃生、自救的常识、程序和技巧，严防火灾事故的发生。

（四）学校定期举行学生公寓消防安全演练，每年对公寓管理人员及学生进行一次以上消防安全知识教育和安全技能培训。

（五）楼道、消防通道不准存放任何物品，保证通道畅通，爱护消防设备；消防器材存放在明显且方便取用的位置，不得覆盖遮挡。

（六）学生公寓治安、消防、自然灾害等各类突发事件应有安全应急预案，定期对各类预案进行演练，并有记录，应急预案要有可操作性，责任到人。

（七）学生公寓应建设消防中控、视频监控、电子门禁、智能限电、安全疏散电磁门系统等多项管理系统为一体的信息化安全管理平台。

第五章　设施管理

第十八条　网络管理

学生在公寓内使用校园网应自觉维护网络设备，增强网络道德规范，维护网络文明，自觉抵制不利于社会稳定、不利于公共道德的信息发布与传播。

第十九条　家具管理

（一）公寓中心负责学生公寓内家具配置和管理工作。

（二）住宿人员应爱护使用室内家具、设备和各种用品，不得擅自增减、拆卸，更不得损坏、丢弃。

（三）公寓内发现公共设施、室内家具等物品损坏时，学生应及时到所在公寓门卫室报修。

公共设施属自然损坏的，维修时不收取费用；属人为损坏的，按公示价格赔偿；属人为破坏的，除按公示价格赔偿外，视情节给予相应处分。责任不清的，由宿舍成员共同赔偿，并承担有关责任。

第六章　奖励和处分

第二十条　学生在公寓内的表现与个人、寝室、班级、院系等相关评优资格挂钩，并纳入综合测评、品德鉴定、推优评先及奖学金评定等工作中。

第二十一条　每月组织各学院对学生公寓进行检查、考核和评比，开展"文明公寓"评比活动；每学年对优秀学生、公寓自律委员会成员、楼长、层长、寝室长及寝室进行评比表彰。

第二十二条　学生住宿违纪处理

根据《吉林交通职业技术学院学生违纪处分办法》，学校对违反公寓管理规定的下列行为，视情节轻重进行批评教育或处分：

（一）擅自调换房间或床位。

（二）未经批准在校外住宿。

（三）擅自在公寓内留宿他人。

（四）在公寓内留宿异性。

（五）出租床位给他人。

（六）在公寓内从事各种经商活动。

（七）在公寓内吸烟、喝酒、赌博。

（八）霸占、藏匿、盗窃公私财物。

（九）故意毁损、破坏公私财物。

（十）吵闹叫喊、大声喧哗、影响他人休息。

（十一）违反作息制度，不服从管理人员管理。

（十二）无理取闹，侮辱、殴打管理人员。

（十三）无端动用或破坏消防器材。

（十四）燃点蜡烛、焚烧物品、使用明火。

（十五）使用大功率电器，乱拆、乱接电线。

（十六）存放有毒、有害、易燃、易爆、危险物品。

（十七）在公寓楼观看反动、色情音像制品及书刊。

（十八）在有关部门组织的专项检查中评定为不合格。

（十九）随地吐痰、乱贴、乱刻、乱画、乱扔废弃物、乱倒饭菜，破坏公共卫生。

（二十）在寝室内饲养宠物。

（二十一）学生有违反学生公寓管理办法的其他行为。

以上行为造成财产损失、人身伤害者，除给予纪律处分外，还要负担相应的经济赔偿责任。对未履行职责的相关部门或责任人，依据《中共吉林交通职业技术学院问责办法》处理。对造成重大事故的责任人，依法移交司法机关处理。

第七章 附 则

第二十三条 本办法自 2019 年 1 月 1 日起施行。学校原制定的关于学生公寓的管理办法同时废止。

第二十四条 本办法的解释权归学校学生工作部（处）。

七、吉林交通职业技术学院学生校内申诉管理办法(试行)

第一章 总 则

第一条 为了做好学校家庭经济困难学生认定工作,根据《教育部等六部门关于做好家庭经济困难学生认定工作的指导意见》(教财〔2018〕16号)、《财政部等五部门关于印发学生资助资金管理办法的通知》(财科教〔2019〕19号)、《吉林省家庭经济困难学生认定工作实施办法》(吉教联〔2020〕8号)文件精神,并结合我校实际情况,制定本办法。

第二条 本办法所称的申诉,是指学生对学校作出的涉及本人权益的处理决定不服,经正常行政程序处理无法解决的,可向学校学生事务调解中心,提出意见和要求。学生个体之间的纠纷不在受理范围。

第三条 本办法适用于吉林交通职业技术学院在校学生。

第四条 学生坚持严肃、认真、诚实的原则提出申诉,学校坚持公开、公正、实事求是和有错必纠的原则处理学生的申诉。

第二章 申诉的受理

第五条 学生对学校作出的涉及本人权益的下列处理决定不服,须在收到决定或公告之日起10日内向学校学生申诉处理委员会提出书面申诉。

1. 对学生本人做出的警告、严重警告、记过、留校察看、开除学籍等行政处分;
2. 法律、法规规定可以提出申诉的其他处理决定。

第六条 受理申诉的机关是学生申诉处理委员会的学生事务调解中心。

第七条 学生提出申诉时,应当向受理申诉的机关递交申诉申请书,并附上学校作出的处理决定(复印件)。申诉书应当载明下列内容:

1. 申诉人的姓名、学院、班级、学号及其他基本情况;
2. 申诉的事项、理由及要求;
3. 提出申诉的日期。

第八条 对学生提出的申诉,受理机关应当在接到申诉书之日起3个工作日内,区别不同情况作出如下处理:

1. 予以受理,同时告知申诉人;
2. 申诉材料不齐备,限期补正;过期不补正的视为不再申诉。

第九条 对决定予以受理的申诉,受理申诉的机关应当在接到申诉申请书后的15日内,启动申诉的处理程序,并在自接到申诉申请书后的15日内作出对申诉的处理决定。情况复杂不能在规定限期内作出结论的,经学校负责人批准,可延长15日。学生申诉处理委员会认为必要的,可以建议学校暂缓执行有关决定。

学生申诉处理委员会经复查,认为作出处理或者处分的事实、依据、程序等存在不当,可以作出建议撤销或变更的复查意见,要求相关职能部门予以研究,重新提交校长办公会或者专门会议作出决定。

第十条 学生对复查决定有异议的,在接到学校复查决定书之日起 15 日内,可以向学校所在地省级教育行政部门提出书面申诉。

省级教育行政部门应当在接到学生书面申诉之日起 30 个工作日内,对申诉人的问题给予处理并作出决定。

第十一条 省级教育行政部门在处理因对学校处理或者处分决定不服提起的学生申诉时,应当听取学生和学校的意见,并可根据需要进行必要的调查。根据审查结论,区别不同情况,分别作出下列处理:

(一)事实清楚、依据明确、定性准确、程序正当、处分适当的,予以维持;

(二)认为事实不存在,或者学校超越职权、违反上位规定作出决定的,责令学校予以撤销;

(三)认定事实清楚,但认定情节有误、定性不准确,或者适用依据有错误的,责令学校变更或者重新作出决定;

(四)认定事实不清、证据不足,或者违反本办法以及学校规定的程序和权限的,责令学校重新作出决定。

第十二条 自处理、处分或者复查决定书送达之日起,学生在申诉期内未提出申诉的视为放弃申诉,学校或者省级教育行政部门不再受理其提出的申诉。

处理、处分或者复查决定书未告知学生申诉期限的,申诉期限自学生知道或者应当知道处理或者处分决定之日起计算,但最长不得超过 6 个月。

第十三条 学生认为学校及其工作人员违反本规定,侵害其合法权益的,或者学校制定的规章制度与法律法规和本办法抵触的,可以向学校所在地省级教育行政部门投诉。

教育主管部门在实施监督或者处理申诉、投诉过程中,发现学校及其工作人员有违反法律法规及本办法的行为或者未按照本办法履行相应义务的,或者学校自行制定的相关管理制度、规定,侵害学生合法权益的,应当责令改正;发现存在违法违纪的,应当及时进行调查处理或者移送有关部门,依据有关法律和相关规定,追究有关责任人的责任。

第三章 申诉的处理程序

第十四条 受理申诉的机关在决定受理申诉后,首先对申诉进行调解,调解成功,则直接作出处理决定。调解不成功,则上报学生申诉处理委员会,负责处理该申诉,并提出具体处理意见。申诉委员会对涉及学生申诉的事项,有权进行查询和调查。

第十五条 申诉委员会一般由七人至十一人组成,组成人数必须是单数;一般由与申诉事项有关的分管校领导、学生工作处负责人、学院负责人、学院监察部门负责人和学校法律顾问组成,并吸收其他部门的有关人员和教师、学生代表参加。

第十六条 申诉委员会根据实际情况可采取书面审查或开听证会的方式处理申诉。采取书面审查方式的,申诉委员会也应对相关当事人进行询问,开展必要的查证。申诉委员会决定采取听证会方式进行调查的,应按照第四章的有关规定和程序进行。

第十七条　申诉委员会要根据实际情况提出处理意见，区别不同情况，作出下列决定：

（一）原处理决定正确的，维持原处理决定；

（二）原处理决定依据不当或者处理明显不当的，作出变更原处理决定的决定或建议；对变更警告、严重警告、记过、留校察看处分的，直接作出决定；对变更开除学籍处分的，提出建议，由校长办公会议或者专门会议研究决定。

申诉委员会变更警告至留校察看处分的决定，以学校名义发布，为学校的最终决定。

第十八条　申诉委员会要将申诉处理决定书及时送达申诉人。送达方式可采取下列任何一种：本人签收、校内布告栏内公告。

第十九条　在申诉期间，原处理决定不停止执行。

第二十条　在未做出申诉处理决定前，学生可以撤回申诉。要求撤回申诉的，必须以书面形式提出。申诉委员会在接到关于撤回申诉的申请书后，可以停止受理工作。

第四章　关于听证的规定和程序

第二十一条　申诉委员会根据申诉人或代理人请求，或认为应该实施听证程序的，实施听证程序，对没有请求的听证，在实施前应征得申诉人或代理人同意。听证主持人由申诉委员会成员担当。

第二十二条　听证主持人就听证活动行使下列职权：

（一）决定举行听证的时间、地点和参加人员；

（二）决定听证的延期、中止或者终结；

（三）询问听证参加人；

（四）接收并审核有关证据；

（五）维护听证秩序，对违反听证秩序的人员进行警告，对情节严重者可以责令其退场；

（六）向申诉委员会提出对申诉的处理意见。

第二十三条　听证主持人在听证活动中应当公正地履行主持听证的职责，保证当事人行使陈述权、申辩权。

第二十四条　参加听证的当事人和其他人员应按时参加听证，遵守听证秩序，如实回答听证主持人的询问，依法举证。

第二十五条　听证开始前，听证记录员应当查明听证参加人是否到场，并宣读听证纪律。

第二十六条　听证应当按照下列程序进行：

（一）听证主持人宣布听证开始，宣布案由；

（二）作出处分或处理的经办人就有关事实和依据进行陈述；

（三）申诉当事人就事实、理由、证据或依据进行申辩，并可以出示相关证据材料；

（四）经听证主持人允许，听证参加人可以就有关证据进行质问，也可以向到场的证人发问；

（五）有关当事人做最后陈述；

（六）听证主持人宣布听证结束。

第二十七条 听证记录员应当将听证的全部活动进行笔录，并由听证主持人和听证记录员签名。听证笔录还应当由当事人当场签名或者盖章。

第二十八条 听证结束后，听证主持人应当主持制作听证报告。

第五章　附则

第二十九条 本办法由纪检监察处和学生工作部（处）负责解释。

八、吉林交通职业技术学院家庭经济困难学生认定工作细则

第一章 总则

第一条 为了做好学校家庭经济困难学生认定工作,根据《教育部等六部门关于做好家庭经济困难学生认定工作的指导意见》(教财〔2018〕16号)、《财政部等五部门关于印发学生资助资金管理办法的通知》(财科教〔2019〕19号)、《吉林省家庭经济困难学生认定工作实施办法》(吉教联〔2020〕8号)文件精神,并结合我校实际情况,制定本办法。

第二条 本办法适用于我校全日制在籍学生。

第三条 本办法中家庭经济困难学生是指学生本人及其家庭所能筹集到的资金,难以支付其在校学习期间的学习和生活基本费用的学生。

第四条 家庭经济困难学生认定工作是做好学生资助工作的基础,必须坚持实事求是,确定合理标准,规范工作程序,做到公开、公平、公正。

第二章 认定机构

第五条 学校学生资助工作领导小组全面领导和监督学校家庭经济困难学生的认定工作,学生工作部(处)负责具体组织全校家庭经济困难学生的认定工作。

第六条 各学院成立以学院党总支书记为组长,学院党总支副书记、专兼职辅导员担任成员的认定工作组,负责认定的具体组织和审核工作。

第七条 各班级成立以辅导员任组长,学生代表为成员的认定评议小组,负责认定的民主评议工作。认定评议小组成员中,学生代表人数按班级人数合理配置,应具有广泛的代表性,一般不少于班级总人数的10%。认定评议小组成立后,其成员名单应在本班级范围内公示。

第三章 认定标准

第八条 根据我校学生实际情况,对于符合总则第三条的学生,设置家庭经济一般困难和家庭经济特别困难两个档次,具体认定标准为:

(一)一般困难

1. 家庭成员无固定收入或缺少经济来源的;
2. 家庭成员较多且经济来源不稳定的;
3. 家庭成员因长期患病导致家庭经济困难的;
4. 家庭因突发性变故造成人身及财产重大损失的;
5. 家庭遭遇不可抗力或自然灾害的;
6. 父母离异导致家庭经济收入明显下降的;
7. 其他情况导致家庭经济困难的。

(二)特别困难

1. 无经济来源的孤儿;

2. 烈士、低保家庭、优抚家庭子女；

3. 建档立卡户；

4. 父母重病或单亲且来自贫困及边远地区的学生；

5. 学生家庭所在地区发生重大自然灾害或突发性灾祸，造成家庭经济困难的学生；

6. 其他无经济来源支持正常学习的学生。

第九条　学生或各学院能够证明申请人有下列行为之一者，不能认定为家庭经济困难学生：

（一）拥有或使用高档通信工具；

（二）购买高档次的电脑（特殊专业除外）；

（三）购买高档娱乐电器、高档时装或高档化妆品等奢侈品；

（四）节假日经常外出旅游；

（五）无特殊情况在校外租房或经常出入营业性网吧；

（六）有其他高消费行为或奢侈消费行为。

第四章　认定程序

第十条　家庭经济困难学生认定工作每学年进行一次，学年开学初启动认定工作。

（一）首次申请认定家庭经济困难的学生需提出申请并向班级认定评议小组递交《吉林交通职业技术学院家庭经济困难学生认定调查表》和《吉林交通职业技术学院贫困生资助资格认定申请表》（见附件）及相关证明材料。

（二）班级认定评议小组根据学生提交的申请表及相关证明材料，对照认定标准，结合学生日常消费行为，以及影响其家庭经济状况的有关情况，认真进行评议，确定本班级各档次的家庭经济困难学生资格，报本学院认定工作组进行审核。

（三）学院认定工作组要认真审核各班级评议小组申报的初步评议结果。如有异议，应在征得班级认定评议小组意见后予以更正。

（四）各学院认定工作组审核通过后，将家庭经济困难学生名单及档次，在适当范围内公示5个工作日。公示期间如有异议，可通过书面形式向本学院认定工作组提出质疑。学院认定工作组应在接到异议材料的3个工作日内予以答复。如对本学院认定工作组的答复仍有异议，可通过书面方式向学校学生资助管理中心申请复议。学校学生资助管理中心在接到复议申请后，在3个工作日内予以答复，如情况属实，应做出调整。

（五）学校学生资助管理中心负责汇总各学院审核通过的申报材料及名单报学校学生资助工作领导小组审批，同时建立家庭经济困难学生信息档案。

第五章　认定工作管理

第十一条　学校和各学院每学年应定期对家庭经济困难学生进行一次资格复查，并不定期地随机抽选一定比例的家庭经济困难学生，通过信件、电话、实地走访等方式进行核实。如发现弄虚作假现象，一经核实，取消资助资格，收回资助资金。情节严重的，学校依据有关规定进行严肃处理。

第十二条　各学院应加强学生的诚信教育，教育学生如实提供家庭情况，及时告知家庭经济状况显著变化情况。如学生家庭经济状况发生显著变化情况，如学生家庭经济状况发生显著变化，学院应及时做出调整。

第十三条　凡有下列情况之一者，取消家庭经济困难认定资格：

1. 违反国家法律法规者；
2. 受到学校严重警告以上（含以上）处分者；
3. 因各种原因休学及自费出国者；
4. 弄虚作假反映家庭经济情况或通过不正当手段受助者。

第六章　附则

第十四条　本办法自公布之日起施行。

第十五条　本办法由学生工作部（处）负责解释。

九、吉林交通职业技术学院学生奖励办法

第一章 总则

第一条 为了全面贯彻教育方针，鼓励学生刻苦学习，奋发向上，德、智、体、美、劳全面发展，全面提高学生的综合素质，增强学生的集体观念，树立集体荣誉感，创建团结友爱、努力学习、积极上进的先进班集体，促进学风、校风建设，结合我校实际情况，特制定本办法。

第二条 各项评选遵循"公开、公平、公正、择优"的原则。

第二章 奖励项目和方式

第三条 奖励项目

（一）国家级项目：国家奖学金、国家励志奖学金

（二）省级项目：吉林省政府奖学金等

（三）校级项目：

1. 集体项目：先进班集体、活力团支部、文明寝室；

2. 个人项目：学校奖学金、三好学生标兵、三好学生、优秀毕业生、毕业之星、优秀团员、魅力团支书、优秀学生干部、优秀团干部

第四条 奖励方式

（一）授予荣誉称号；

（二）颁发奖章、证书或奖状；

（三）颁发奖金或奖品。

第三章 评选条件

第五条 奖学金评选条件详见《吉林交通职业技术学院奖学金管理办法》

第六条 先进集体评选

（一）先进班集体评选条件

1. 有政治思想素质好、团结协作、以身作则、密切联系群众的班级领导核心；

2. 有朝气蓬勃、积极上进、勤学尊师、乐于助人、遵纪守法、集体观念强、文明健康的良好班风；

3. 学风良好，互帮互促，获得奖学金的学生比例高，挂科人数占所在班级比例小于15%；

4. 积极开展健康有益的文化活动和课外活动，具有良好的文化氛围；

5. 班级成员积极参加文明校园建设，取得显著成效；

6. 积极组织同学参加体育锻炼，早操出勤率高达90%以上；

7. 学生中无重大违纪行为，班集体成员原则上没有受过纪律处分；

8. 班级学生按学校规定正常注册及缴费；

9. 先进班集体的推荐名额按各学院班级总数的10%计算（总数不包括大一年级新生班级），不足10个班级的学院或部推荐1个。凡被评为先进班集体的班级，在评优中可增加1个个人评优名额，班长可直接评为优秀学生干部。

（二）活力团支部评选条件

1. 认真学习贯彻马列主义、毛泽东思想、邓小平理论、"三个代表"重要思想、科学发展观和习近平中国特色社会主义思想；

2. 支部组织机构完整，制度健全有效，思想作风过硬；

3. 扎实有效开展团支部活动，坚持政治学习有实效、有理论、有高度、有层次，围绕学校发展建设，结合学院团总支的具体工作要求，服务大局、服务青年、关心青年；

4. 充分发挥班级优势，与班委会通力合作，结合本专业特点，积极投身社会实践、服务周边社区、积极参加志愿服务；

5. 本学年班级内所有学生无违纪和处分记录；

6. 关心班级文化建设，营造良好的班风与学风，有效促进班级全体学生的学习，在校园、教室、寝室、食堂、网络中心等工作学习区域无不文明现象。

第七条 先进个人评选条件

（一）三好学生、三好学生标兵评选条件

1. "三好"的含义

（1）品德好：具有正确的政治方向，拥护党的基本路线，热爱中国共产党，热爱社会主义祖国，热爱人民，遵纪守法，有良好的道德修养，尊敬师长，团结同学，助人为乐，热爱劳动，积极参加社会实践，在文明校园建设中起模范带头作用。

（2）学习好：学习目的性明确，学习态度端正，所学专业课程成绩优秀，有钻研精神和独立思考、分析、解决问题的能力，具有良好的专业素质。

（3）身体好：积极参加体育锻炼和文娱活动，有良好的卫生习惯和健康的身心素质，通过国家大学生体育合格标准。

2. 考试课成绩各科均在90分以上（含90分），考查课劳动课和体育课成绩均为优秀，并且德育考核为优，由学校授予"三好学生标兵"。

3. 考试课成绩各科均在80分以上（含80分），考查课劳动课和体育课成绩均为良好以上，德育考核为良，由学校授予"三好学生"称号。

（二）优秀毕业生的评选条件

1. 各科成绩平均分数在80分以上；

2. 在校期间无补考，无纪律处分；

3. 在校期间有突出贡献者可适当放宽条件；
4. 各专业按5%的比例进行评选。

（三）优秀团员评选条件

1. 具有坚定正确的政治方向和高尚的道德品质；
2. 认真学习马列主义、毛泽东思想、邓小平理论、"三个代表"重要思想、科学发展观和习近平新时代中国特色社会主义思想，刻苦学习专业知识，努力掌握现代科学文化知识；
3. 在学校各级团组织开展的团支部建设，校园文化建设，社会实践及志愿服务等各项工作、活动中，以身作则，积极参加活动；
4. 勇于创造，开拓创新，助人为乐、弘扬正气，在学生中有较好表现，在一定范围内有较好的模范带头作用。
5. 本学年各科成绩达到及格以上，无违纪和处分记录。

（四）魅力团支书评选条件

1. 具有坚定正确的政治方向和高尚的道德品质；
2. 认真学习马列主义、毛泽东思想、邓小平理论、"三个代表"重要思想、科学发展观、习近平中国特色社会主义思想，刻苦学习专业知识，努力掌握现代科学文化知识；
3. 具有一定的政治理论水平和科学的工作方法，经常开展团支部工作，团结、带领广大团员青年以团支部为单位积极参加学校和学院的各项活动；
4. 勇于创新、实践，能够以强烈的责任感和进取心推进团的各项工作开展；
5. 自觉深入青年之中，践行社会主义核心价值观，想青年之所想，办青年之所需，解青年之所难，赢得广大团员青年的信赖和拥护，廉洁自律，无私奉献；
6. 本学年各科成绩达到及格以上，无违纪和处分记录。

（五）优秀学生干部评选条件

1. 学生干部具体包括学校、学院团委成员，班级团支部成员，学校、学院学生会成员，班委会成员；
2. 坚持党的路线、方针、政策，政治立场坚定，具有较高的思想政治素质和道德素养；
3. 热爱集体，团结同学，热心为同学服务，在同学中享有较高的威信，能起模范带头作用，具有较强的组织管理能力和创新意识，工作成绩优异，曾组织或参与组织较有特色和影响的活动，为学校、学院和班级工作做出突出贡献；
4. 有奉献精神和责任感，勇于承担社会工作，工作积极主动，责任心强，不计较个人得失，为同学服务；
5. 正确处理好学习与工作的关系，学风严谨，成绩优秀，学年内无重修或补考课程

（不包括第二专业课程），两学期综合测评排名均在所在专业人数的前50%；

  6. 任期满一年及以上；

  7. 无违反校纪校规情况；

  8. 积极完成上级团学组织布置的各项工作；

  9. 无特殊原因按时缴纳当年全部学费；

  10. 担任过校、院、班主要学生干部，为学校、学院、班级做出突出贡献者，在同等条件下优先评选；

  11. 在本年度的学生干部年度考核工作中考核结果合格。

  12. 评选比例：每个自然班两名，本年度获"先进班集体"荣誉的班级可增加一名，校、学院学生会按学生干部总数的15%进行评选。

（六）优秀团干部评选条件

  1. 具有坚定正确的政治方向和高尚的道德品质；

  2. 认真学习马列主义、毛泽东思想、邓小平理论、"三个代表"重要思想，科学发展观和习近平新时代中国特色社会主义思想，刻苦学习专业知识，努力掌握现代科学文化知识；

  3. 经常开展团支部工作，团结、带领广大团员青年以团支部为单位积极参加学校和学院的各项活动；

  4. 勇于创新、实践，能够以强烈的责任感和进取心推进团的各项工作开展；

  5. 本学年各科成绩达到及格以上，无违纪和处分记录。

第四章 评选程序及时间

第八条 评选程序

（一）评选程序

  1. 个人奖由个人申报，辅导员根据评优条件通过班级民主测评方式确定初评名单，报学院学办审核；

  2. 集体奖由学院学办根据评优条件确定初评名单；

  3. 由学院学办审核后将优秀个人及先进集体名单报学生工作处（团委）复审；

  4. 学生工作处/校团委审核后，报主管校领导审批后公示5个工作日，确定评优名单。

  5. 由各学院组织填写登记表，并装入学生档案。

（二）评选时间

  1. 每学年开学初针对上一学年的学团工作进行评优；

  2. 团组织奖项在每年五四青年节组织评优；

  3. 优秀毕业生评选时间为毕业年级的第二学期，所有教学任务完成并考核后进行。

(三) 注意事项

1. 评优工作要在各学院党政领导下进行。在评选审核过程中，要坚持德、智、体全面发展的原则，按照标准，公平公正、实事求是地进行，宁缺毋滥。要注意倾听同学、教师的反映，置评优于群众监督之下，如有发现弄虚作假和不合格者，经查实，即予以取消，名额作废。

2. 对于其他方面不符合上述评选条件，但某一方面成绩特别突出且在这方面能够影响和带动其他同学一起进步的，经所在学院研究同意后报组织评选部门审核。

3. 各学院要加强各类先进对象的跟踪调查，及时了解反馈情况，切实保证评优的激励作用和先进的模范带头作用。

第九条 学生、班级对评选结果有异议的，可以在公示时间内向公示部门申请复核，由相关部门进行复核处理。

第十条 奖励

各类奖励经费由有关组织部门进行处理。

第五章 附则

第十一条 本办法自公布之日起执行。

十、吉林交通职业技术学院学生德、智、体、美、劳综合考核办法

为了贯彻落实党的教育方针,推进素质教育,促进学生德、智、体、美、劳全面发展,根据国家教育部颁布的《普通高等学校学生管理规定》《高等学校学生行为准则》和吉林省教育厅的有关文件精神,结合我校实际情况,制定本办法。

一、德育考核

(一) 德育考核的内容和方式

德育考核主要包括政治表现、品德修养、遵纪守法、学习态度、集体观念五个方面,采取量化考核的方式,每学期测评一次,满分100分。

(二) 德育考核计算公式和加扣分标准

1. 计算公式

$D = (60 + \sum j)/2 + (100 - \sum k)/2 \rightarrow D = 80 + (\sum j - \sum k)/2$

注:D 为学期德育考核总分;

j 为加分($\sum j$ 不超过40分);

k 为扣分($\sum k$ 不超过100分)。

2. 加分

(1) 参加各类比赛(竞赛)活动:参加国家(部)级比赛加5分,获得奖励的加7分;参加省(市)级比赛加3分,获得奖励加5分;参加校级比赛加2分,获得奖励加3分;参加学院级比赛加1分,获得奖励加2分。同一次活动按最高标准加分,不累加。

(2) 参加社会实践、文艺表演、代表讲话、来宾接待、校团刊发表文章、义务献血等活动每次加2分。学生干部职责内工作不加分。

(3) 见义勇为、无私奉献等事迹,在校内外引起较大反响,受到社会媒体或有关部门表扬者,视情况加5~10分。

(4) 被授予国家、省、市级荣誉称号的先进个人分别加7、6、5分;

(5) 被评为"三好学生标兵"者加4分,被评为"三好学生""优秀团员""优秀学生干部""优秀团干部"者加3分。

(6) 被授予国家、省、市、院级先进集体(先进团支部、文明班级、文明寝室等)荣誉称号的集体,该集体成员每人分别加7、6、5、3分。

（7）受到校、学院通报表扬者每次加2分。

（8）学生干部加分：

辅导员助理加分7分；

校学生会主席加7分；

校学生会副主席、学院学生会主席、团总支副书记加6分；

校学生会部长、校级社团（校团委批准承认）团长（主任）、学院学生会副主席加5分；

校学生会副部长、校级社团（校团委批准承认）副团长（副主任）、学院级社团（学院团委批准承认）团长（主任）、学院学生会部长、学院级社团（学院团委批准承认）团长（主任）加4分；

学院学生会副部长、学院级社团（院团委批准承认）副团长（副主任）、学院级社团（学院团委批准承认）副团长（副主任）、各班班长、团支部书记加3分；

学生会其他成员、各社团成员（院或学院团委批准承认）、班委会及团支部其他成员、科代表、寝室长加2分。

（9）对于以上未涉及但又应加分的可参照相近条款执行。

3．扣分

（1）受到通报批评每次扣5分；警告处分每次扣10分；受到严重警告处分每次扣15分，受到记过处分每次扣20分；受留校察看处分每次扣25分。

（2）违反教学、学生管理等规定，未达到通报批评者每人每次扣3分。

（3）旷课（包括早操晚自习）每学时扣2分，迟到、早退每次扣1分。

（4）无故不参加学校、学院、班级组织的各项统一活动者扣2分。

（5）学生在校严禁吸烟、酗酒，一经发现每次扣5分。

（6）学生公寓安全卫生检查不合格者每次扣3分。

（7）集体受到校、学院通报批评的，每个成员扣3分，主要责任者扣5分。

（8）弄虚作假、欺骗组织等，造成不良影响的，每次扣5分，学生干部扣10分。

（9）以上未涉及但又必须扣分的可参照相近条款执行。

二、智育考核

将学期所学全部课程的所得成绩平均计算（考查课按优90分、良80分、中70分、及格60分、不及格50分折合），考试、考查课成绩相加后得出学习成绩的基础分。

三、体育考核

将体育课成绩记为基础分，其中优90分、良80分、中70分、及格60分、不及格50分。

四、美育考核

美育课成绩涵盖在智育考核中，美育活动涵盖在德育考核中，不单独占考核比例。

五、劳育考核

将劳动课成绩记为基础分，其中优 90 分、良 80 分、中 70 分、及格 60 分、不及格 50 分。在没有劳动课的学期由学院根据学生日常参与劳动情况及表现按照以上百分制赋分标准进行赋分。

六、综合考核的计算和要求

（一）综合考核总分的计算

德、智、体、劳综合考核以百分制计算，德育占 20%、智育占 60%、体育占 10%、劳育占 10%。在没有体育课的学期中，按智育占 60%、德育占 30%、劳育占 10% 计算。根据综合考核比例，将德、智、体、劳考核分数折合后相加，即得出学生该学期综合考核的最后得分。

（二）考核结果的作用

1. 每学期的综合考核成绩作为评定学生各类奖学金的依据。
2. 每学期的综合考核成绩作为学期、学年评选先进的条件。
3. 学生在校期间综合考核总成绩作为学生实习、就业推荐的主要依据。

（三）要求

1. 综合考核中单项考核应按规定要求进行，学期综合考核结果由辅导员向全班学生公布。
2. 未按规定组织考核的班级取消评定奖学金资格。

七、本办法解释权归学生工作部（处）。

十一、吉林交通职业技术学院学生勤工助学管理办法

十二、吉林交通职业技术学院学生国家助学贷款实施细则

十三、吉林交通职业技术学院学生纪律处分实施细则

十四、吉林交通职业技术学院学生资助管理办法

十五、吉林交通职业技术学院奖学金管理办法

十六、吉林交通职业技术学院新时代大学生思想政治教育工作实施意见

十七、吉林交通职业技术学院大学生心理健康教育管理规定

十八、吉林交通职业技术学院"文明寝室"评比办法

十九、吉林交通职业技术学院学生证管理办法

参 考 文 献

[1] 史露露,池会军.大学生入学教育教程[M].北京:中国人民大学出版社,2012.

[2] 丁璇.大学生入学教育[M].北京:国防工业出版社,2013.

[3] 徐伟.大学生入学教育[M].北京:北京理工大学出版社,2018.

[4] 赵子金,马坤,安军.大学生入学教育[M].北京:高等教育出版社,2018.

[5] 杨丹青.大学生入学指南[M].北京:北京理工大学出版社,2018.

[6] 罗丽琳,朱琳.大学生入学适应能力教育[M].北京:知识产权出版社,2017.

[7] 王耀远.大学生入学教育[M].西安:西安电子科技大学出版社,2017.

[8] 刘志彧,李文阁,鲁显玉.大学生安全教育教程[M].北京:高等教育出版社,2016.

[9] 田松.大学生职业生涯规划教程[M].北京:高等教育出版社,2011.

[10] 汤建彬.大学生职业发展指导[M].北京:北京大学出版社,2011.